本书出版得到衡阳师范学院校科基金项目"意象理论与图像学理论的比较研究"（项目编号：17D22）的经费资助，特此感谢。

光明社科文库
GUANGMING DAILY PRESS:
A SOCIAL SCIENCE SERIES

·教育与语言书系·

语言分析与意象研究

高吉国 ｜ 著

光明日报出版社

图书在版编目（CIP）数据

语言分析与意象研究 / 高吉国著 . -- 北京：光明
日报出版社，2022.11

ISBN 978 - 7 - 5194 - 6901 - 6

Ⅰ.①语… Ⅱ.①高… Ⅲ.①语言分析 Ⅳ.①H0

中国版本图书馆 CIP 数据核字（2022）第 212749 号

语言分析与意象研究
YUYAN FENXI YU YIXIANG YANJIU

著　　者：高吉国	
责任编辑：李　倩	责任校对：李佳莹
封面设计：中联华文	责任印制：曹　诤

出版发行：光明日报出版社

地　　址：北京市西城区永安路 106 号，100050

电　　话：010-63169890（咨询），010-63131930（邮购）

传　　真：010-63131930

网　　址：http：// book. gmw. cn

E - mail：gmrbcbs@ gmw. cn

法律顾问：北京市兰台律师事务所龚柳方律师

印　　刷：三河市华东印刷有限公司

装　　订：三河市华东印刷有限公司

本书如有破损、缺页、装订错误，请与本社联系调换，电话：010-63131930

开　　本：170mm×240mm

字　　数：130 千字　　　　　　印　　张：11

版　　次：2023 年 4 月第 1 版　　印　　次：2023 年 4 月第 1 次印刷

书　　号：ISBN 978 - 7 - 5194 - 6901 - 6

定　　价：85.00 元

目　录
CONTENTS

导　论

　　意象是中国古代文论和美学的核心范畴之一。自 20 世纪初从古代文论中抽绎出来，在中西文化交融的背景下，中国古代文论自身发展的历史脉络和西方的近现代理论视角对意象这个概念（包括亲缘较近的"意境"）进行了大量富有成果的学术研究。一些研究成果被学界普遍接受，进入了高校教材并通过课堂为大众接受。可以说，意象是极富中国特色和文化底蕴的概念，同时也与国外相关理论术语有内在的共通和一致之处。

　　关于意象，许多前辈在诸多论题上做出了极其出色的研究，这对后来者一方面构成了极大的挑战，同时也逼迫着后来者不断开发新的理论工具参与其中。本书的重点不在于对意象的古代文论资源重新发掘，而在于探索用新的理论资源介入意象研究。前者的研究自有其意义，但主要是增加了知识的存量，对整个意象研究的知识图景改观不大。后者的研究由于引入新的理论资源，可以激发意象概念本身更丰富的意蕴，从而在知识的增量上有所贡献。本书想要着力探讨的一个问题是：语言分析如何应用到意象研究中？为此，我们需要先行梳理关于意象的研究脉络，再从其中找出与语言分析特别是同一性理论相关联的地方进行论述。

在具体的研究中，我们会着手处理以下问题：（1）如何界定内涵歧义的意象；（2）物境、情境与意境的关系、语象与意象的关系；（3）意象与语词（概念与语词）的关系；（4）私有意象问题；（5）同一性理论与理解问题。本研究力图在问题的具体展开中与现有的理论对话，并在此基础上能从个别地方开展略有新意的论述。

第一章

意象内涵的界定

意象是中国古代文论和美学的核心范畴之一。自 20 世纪初，已有许多学者写了多部专著和多篇论文，对意象概念进行了广泛而深入的研究。这项研究可以从不同的学科和角度进行，比如，古代文论和美学、中西文论比较等。本研究主要将意象框定在文艺美学的范围内。下面先简单梳理一下意象的内涵。

第一节　意象是不是一个汉译的西方概念

研究意象不管从哪个学科、哪个角度入手，首先遇到的一个最基础和最核心的问题就是其内涵如何界定。如果不能对意象的内涵进行有效的界定，那运用此概念进行的研究将因为内涵的不准确而带来学术对话和交流的困难，甚至容易陷入自说自话的境地。如果没有准确的定义，那么基于此的研究也将因缺乏扎实的立论基础而使论点缺乏有效的说服力。

意象这个词在中国古已有之，但现在的意象与古代的意象是否为同一个概念呢？在意象的研究文献中，不少学者忽略了 20 世纪前期中西文论交流的情况而不加辨析地就把意象作为一个本土产生的概念和术语来使用。如果我们追溯意象这个概念在 20 世纪的研究，会对这个问题有一个更清晰的界定。

意象研究的一个重要的线索缘于 20 世纪初从国外传入的英美意象主义诗歌运动。意象主义（Imagism）传入我国后对后来的新诗创作及诗论产生了重要的影响。在西方意象派诗歌理论的影响和冲击下，中文学界开始了自己的意象研究。最初的研究阶段主要是以意象派理论为指引，在古代文论中找寻与之相匹配的资料。意象主义诗歌以庞德（Ezra Pound）为主要代表，他对意象（image）有一个经典的定义："一刹那间思想和感情的复合体。"①情感表现需要意象的呈现，而不是直接表露。意象是在对应西语 image 的意义上来使用的。庞德的主张和观点对 20 世纪初期中国的新诗运动产生了很大的影响。在当时，不仅很多西方学者持有此观点，就是研究中国传统文化的外籍华人也多持此类观点。敏泽在他的论文《钱锺书先生谈"意象"》中对前期意象研究有精当的概括："'五四'以后直至八十年代初期的当时，一些最重要的学者如梅光迪、闻一多、梁实秋、朱光潜等几乎众口一词地认为：中国传统文学中没有'意象'的语汇，'意象'一语产生于西方，是英文 image 的译名；国外的一些华人学者，如高友工、梅祖麟以至叶维廉等师承这一说法，在六七十年代所写的一些学

---

① 彼得·琼斯. 意象派诗选［M］. 裴小龙，译. 桂林：漓江出版社，1986：10.

术著作中，凡涉及'意象'问题的，也不假思索地视之为'意象主义'的副产品。八十年代初期，伴随着改革开放，国内学人谈论'意象'问题一时成风，但在谈到这一问题时，都毫不例外地在其前加上一个修饰词'西方兴起的'。"①敏泽的研究纠正了很多人一看到"意象"就把它理解为中国固有概念的思维惯性。

这里可以顺带说一下 image 的翻译。image 在英语中有形象、肖像、图画、意象几层意思。在意象主义刚传入我国时，曾将 imagism 译作形象主义、影像主义等，后来译名逐渐确定下来，以意象主义对译 imagism，image 译作意象。这里就出现了"移植词"的问题。所谓移植词是指表面上它还是汉语里的语词，但实际是某个西方概念术语的汉语翻译，对其理解不能从中文的语境中望文生义，而要结合它的西语背景来进行理解。移植词在学术研究中普遍存在，辅以背后强势理论的加持，具有相当强大的裹挟力。这就要求我们在研究中需要对某些重要概念进行细致的辨析，以免引起不必要的混乱和误会。

从研究史上看，最初的意象研究是由西方理论的刺激而产生的，但不可否认的是意象概念之所以能流行开来并获得广大研究者的重视与青睐，说明它实际扎根于比较深厚的中国文化土壤。这与那些昙花一现、未产生多大影响的概念形成鲜明对照。此后，有不少研究者就着力于挖掘意象理论的本土根脉，建构有普遍适用性或中国特色的理论话语体系。

---

① 敏泽．钱锺书先生谈"意象"［J］．文学遗产，2000（2）：1.

　　赵毅衡专门就中西意象派的区别及联系写过两篇论文——《意象派与中国古典诗歌》和《关于中国古典诗歌对美国新诗运动影响的几点刍议》。在文章中通过大量史料的发掘和细致周密的论证说明了中国古典诗歌对美国新诗，特别是意象派诗歌的影响：是美国意象派诗人向中国古典诗歌学习作诗的技巧，而不是相反。这就有力地驳斥了意象概念来源于西方的观点。在赵毅衡之后，袁行霈先生在《中国古典诗歌的意象》的论文中也提到了意象不是西方外来的概念："提到意象，也许有人以为是一个外来词，并把它和国外的意象派诗歌联系起来。其实，意象是中国古代文艺理论固有的概念。"① 不过，袁先生只是简单提及而未进行细致的分析和论证。随后肖君和从中国古代文论入手，也认为意象不是西方的舶来品，他在《论中国古典意象论与西方"意象派"的区别》中认为"'意象'一词，实实在在地是从我国社会历史发展长河里涌现出来的闪光的珍珠，'意象'学说也实实在在地是我国的土生土长的'特产'"。② 在论文中他从中国意象产生的原因、中西意象的不同内涵、各自延续时间及适用范围三个方面细致地辨析了中国古典意象论与西方"意象派"的区别。

　　通过以上几位学者的努力，最迟到 20 世纪 80 年代就完全扭转了关于意象是一个自西方舶来品的概念的误区，自此之后，意象开始作为中国本土的概念而在学术研究中成为被广泛接受的共

---

　　① 袁行霈. 中国古典诗歌的意象 ［J］. 文学遗产，1983（4）：9.
　　② 肖君和. 论中国古典意象论与西方"意象派"的区别 ［J］. 贵州社会科学，1987（10）：28.

识和立论的基点。

第二节　意象的源头及内涵

上一节澄清了意象概念虽受西方意象主义诗歌运动的激发，但关于它的研究后来之所以蔚为大观，乃是因为它有深厚的本土文化资源。一众学者通过努力，把意象研究的视点从外转向内，致力于本土理论资源的挖掘。这一节，我们先来梳理一下关于意象的理论源头研究，再考察一下不同学者对意象内涵的界定。

（一）意象的理论源头

敏泽在论文《中国古典意象论》中对意象的理论源头做了奠基性的论述。他从中国的古典理论中梳理出了意象论的两个历史源头：《周易》和《庄子》。

《周易》中有关于意和象的深刻论述，经常被引用。"子曰：'书不尽言，言不尽意。'然则圣人之意，其不可见乎？子曰：'圣人立象以尽意，设卦以尽情伪，系辞焉以尽其言。'"（《周易·系辞上》）按照《周易》的观点，意不能被言完全表达，要尽意必须立象，也即通过立象的方式来达意，而不是直接从言到意，象是言和意的中介环节。基于《周易》的这个论述，敏泽认为在言、象、意关系的探讨中，对后世文论和美学影响最大的是两个相互联系的方面："一是它的由小见大、由具体表现一般的原则。……二是'象'具有象征性的特色。"①

敏泽认为意象的另一个来源是《庄子》。庄子在语言上持"得意忘言"的观点——得"意"之后就可以忘"言"。庄子用筌蹄的比喻很形象地说明了自己的观点："筌者所以在鱼，得鱼而忘筌；蹄者所以在兔，得兔而忘蹄；言者所以在意，得意而忘言。"（《庄子·外物》）

在探究意象说的理论来源时，一般都会追溯到先秦时期的经典著作，但在具体的论述中有一点需要引起注意：《周易》和《庄子》并非后世所谓的专门的文艺理论或美学著作，它就言、象、意之间关系的论述是就根本性的语言来说的，是一种根本意义上的语言观。其蕴含的思想对文学，包括意象有深远的影响。但文学语言，特别是诗歌语言在一些方面不同于其他类型的语言，这一点在意象的象上就非常明显。这里有一个《诗》之象与《易》之象之间的区分。关于这个区分，在很长一段时期内没有引起学界的重视，也没有学者对此做出深入明确的辨析，直到钱锺书时才终于有了清楚的界定。钱先生对二者的辨析非常精彩，对我们理解意与象的关系及诗歌中意象的选择及达意之间的关系都很有启发，现引述如下：

　　理赜义玄，说理陈义者取譬于近，假象于实，以为研几探微之津逮，释氏所谓权宜方便也。古今说理，比比皆

---

① 敏泽. 中国古典意象论［J］. 文艺研究，1983（3）：56.

然。……《易》之有象，取譬明理也。"所以喻道，而非道也。"（语本《淮南子·说山训》）求道之能喻而理之能明，初不拘泥于某象，变其象也可；及道之既喻而理之既明，亦不恋着于象，舍象也可。到岸舍筏、见月忽指、获鱼兔而弃筌蹄，胥得意忘言之谓也。①

《诗》之象（即文学作品，特别是诗歌之象）在哪方面不同于《易》之象呢？钱锺书接着论述：

> 词章之拟象比喻则异乎是。诗也者，有象之言，依象以成言；舍象忘言，是无诗矣，变象易言，是别为一诗甚且非诗矣。②

钱锺书最后的结论是：

> 故《易》之拟象不即，指示意义之符（sign）也；《诗》之比喻不离，体示意义之迹（icon）也。不即者可以取代，不离者勿容更张。③

---

① 钱锺书.管锥编：补订重排本一（上卷）［M］.北京：三联书店，2001：23.
② 钱锺书.管锥编：补订重排本一（上卷）［M］.北京：三联书店，2001：23.
③ 钱锺书.管锥编：补订重排本一（上卷）［M］.北京：三联书店，2001：23-24.

　　敏泽之后的学者在谈到意象的理论来源时也多追溯到《周易》和《庄子》。胡雪冈在专著《意象范畴的流变》的第一章《"意象"说的滥觞》中，认为意象的源头除了《周易》和《庄子》——胡雪冈把《老子》也与庄子并列在一起讨论，还有原始社会鼎文化的"铸鼎象物"。所谓"铸鼎象物"就是通过造型艺术的形象形式描摹事物。这里的事物，既有客观自然存在之物，也有超现实的虚幻之物。[①] 铸鼎象物实际也可归并到《易》之象的以小见大、以近见远、以少见多的特征上。综合以上的论述，意象概念涉及言、象、意之间的复杂关系，古典论著中《周易》和《庄子》对此有专门论述，所以将意象的理论来源追溯到这两本书在理路上是行得通的。

　　（二）意象的内涵界定

　　中国古代有相当丰富的关于意象的论述，但对意象内涵的深入研究则要到 20 世纪 80、90 年代了。这主要是由于古人虽有关于意象的片断论述，但不成体系，也没有对其内涵进行清晰的厘定，这会导致不同人在使用这个概念时的混乱，不利于推进对问题的研究。另一方面，现代学者在进行研究时，势必会关联到古人的观点，所以关于意象内涵的梳理主要从现当代学者的研究中反向入手。

　　1. 20 世纪 80 年代

　　20 世纪早期就已有学者展开了对意象的研究，但在那个时期

---

　　①　胡雪冈. 意象范畴的流变［M］. 南昌：百花洲文艺出版社，2005：5.

对意象的研究总体上还笼罩在西方意象派理论之下。当时对意象的研究还处于一个起步阶段。新中国成立后很长一段时间对意象的研究基本处于停滞状态，这种现象直到80年代才被打破，迎来了一个意象研究的集中爆发期。这一时期有很多重量级的学者加入其中，研究专著和论文纷纷涌现，呈现百花齐放之态，这其中对意象内涵的界定占据了相当重要的一部分。

在20世纪80年代，比较早的研究成果是陈一琴的《形象·兴象·意象——古代诗论中几组形象范畴考辨之一》。他对意象的界定是"指通过语言文字描写而呈现在诗中的艺术形象，是诗歌形象范畴的一个概念"①。他的这个理解更接近于后来对形象而不是意象的理解。

郁沅在《中国古典美学初编》中这样定义意象："不是事物表象的简单再现和综合，它已经融入了作家的思想感情、创作意图等主观因素。它是作家根据事物的特征和自己的情感倾向，对生活表象进行提炼、加工、综合而重新创造的艺术形象。"② 郁沅的这个界定比陈一琴的进了一步，不过把意象理解为作家创造的艺术形象这点在后来的学者中鲜有应者。

胡雪冈在1982年写了《试论"意象"》的论文。在论文中他认为意象是"客观物象与主观感情对立统一，是'意'与

---

① 陈一琴. 形象·兴象·意象——古代诗论中几组形象范畴考辨之一［J］. 福建师大学报（哲学社会科学版），1981（1）：108.

② 郁沅. 中国古典美学初编［M］. 武汉：长江文艺出版社，1989：189.

‘象’的有机结合”①。他的观点得到后来学者的广泛响应，可以说是由胡雪冈，而不是陈一琴和郁沆确定了此后意象概念研究的大方向。

在胡雪冈之后，对意象研究比较有名的学者是敏泽和袁行霈。敏泽在《中国古典意象论》中提出意象的两个历史源头是《周易》和《庄子》，这个上文已有所论及。据敏泽考证，意象在先秦时期就有萌芽，作为一个词组是被刘勰第一次提出来的，但他那里的用法不同于后世所说的意象，特别是英文 image 意义上的意象。敏泽之所以这么认为的一个重要理由是：“《文心雕龙》由于是用骈体文写成的，‘意象’实际上是一个偶词，其内含实即一个‘意’字（包括艺术想象）。”②“窥意象”是来对“寻绳墨”，而非后世所谓的主观之意与客观之象结合的意象。敏泽还认为直到唐代司空图《诗品·缜密》中的“意象欲生，造化已奇”中的“意象”一词也是如此。据敏泽《钱锺书先生谈“意象”》（2000 年）中的追述，他的这个观点实际是受钱锺书的影响。学界主流认为意象概念在中国古代文论中首先出现是在《文心雕龙》中，钱锺书和敏泽对这种观点提出质疑。虽说其观点不居于学界的主流，但其论述有理有据、辨析有力，可独立为一家之言。

---

① 胡雪冈 . 试论“意象”［A］. 古代文艺理论研究丛刊（第 7 辑）［M］. 上海：上海古籍出版社，1982.
② 敏泽 . 中国古典意象论［J］. 文艺研究，1983（3）：58.

钱锺书和敏泽关于《文心雕龙》中的意象并不是后来所称的意象，它只相当于后世的"意"的观点在学界也非孤例，它得到了复旦大学教授杨明关于意象研究的呼应。杨明在《〈文心雕龙·神思〉中的"意象""象"辨析》（2004 年）论文中，通过对《周易》中卦象、爻象的考察，同时结合"象"这一术语在诗文品评中的实例，得出与钱相似的结论："'象'未必等于今日所谓形象，而是泛指事物、事情、事理等。至于'意象'，至少在《文心雕龙·神思》中就是'意'，并非意中之形象。"① 在《古籍中"意象"语例之观察》（2004 年）的另一篇论文中他细密地考察了古籍中意象的使用情况，从称说人物、称说山水风景或环境、论画、论书法、论诗文五个方面做了分门别类的统计和分析。他对诗文中象的理解非常宽泛："'象'指的是作品写出来的东西，包括所写内容、表达内容所运用的艺术形式等。'象'也包括形象描绘，在诗歌等文学性强的作品中，当然更常常指'形象'，但毕竟不等同于形象。"② 在两篇论文中，杨明列举了大量的例子来佐证自己的观点。

除了知识的考证之外，还可从古今汉语的区别来看待不同学者对"象"和"意象"解释的分野。古代汉语以单音节词为主，由于当时的单音词素还未完全分化为后世一组词义相近的语词，如果要把古汉语中的一个词翻译成现代汉语，在不同的情形和语

---

① 杨明.《汉唐文学辨思录》［M］.上海：上海古籍出版社，2005：115.
② 杨明.《汉唐文学辨思录》［M］.上海：上海古籍出版社，2005：438.

境下，常会有几个不同的现代语词与之相对应。如果以为古汉语中的词与现代汉语中的词直接对应，那不是对古今汉语间的区别缺乏必要的了解，就是因为懒得做古文字的考据工作而径直把古汉语强行解作现代汉语中表面与之对应的语词。混淆古今汉语区别的一个严重后果就是概念术语的误用，以及带来的相应学术研究的混乱。

除了敏泽，另一位在新时期对意象研究具有奠基性的人物是袁行霈。袁先生出版了研究诗歌的专著《中国诗歌艺术研究》（增订本）。早在 20 世纪 80 年代的时候，袁行霈就曾写过专门研究意象的论文《中国古典诗歌的意象》（1983 年）。袁行霈认为，意象在古代"没有确定的涵义，也没有一致的用法"，其用法主要分成这么几类：

（1）指意中之象。袁行霈举的是刘勰《文心雕龙·神思》中的"独照之匠，窥意象而运斤"和司空图《诗品》中"意象欲出，造化已奇"的例子。这两例中的"意象"都指的是意中之象，即意念中的形象。所谓意念中的形象，是指尚未进入作品的意中之象。作家在进行创作时，是头脑中先有了形象——意中之象，然后再用文字把意中之象呈现出来。

（2）指意和象。袁行霈举的例子是王昌龄的"未契意象"和何景明的"意象应""意象乖"。这里的意象是意和象，意和象是分立的，分为主观和客观两个方面。

（3）有的接近于今天所说的艺术形象。袁行霈举的例子是沈德潜《说诗晬语》中"特意象孤峻，元气不无斫削耳"、张怀瓘《法书要录》中"探彼意象，如此规模"和刘熙载《艺概》中"画之意象变化不可胜穷，约之，不出神、能、逸、妙四品而已"。①

袁行霈辨析了意象与物象、意象和意境、意象和辞藻之间的关系，在此基础上提出了他自己对意象的定义：融入了主观情意的客观物象，或者是借助客观物象表现出来的主观情意。简单说就是主客观的交融契合。袁行霈采取的方法是先厘清意象与相邻概念之间的异同，或说通过辨析意象与其他相关概念之间的关联，最后把意象概念确定下来；而不是通过正面方式简单地给意象一个定义，而后再研究它与其他概念之间的关联。这种研究方法也给后来的研究者以重要启发。

2. 20 世纪 90 年代

除了敏泽和袁行霈，另一位对意象研究倾注了相当心力、其研究成果对后来者也有很大影响的人是陈植锷。陈植锷出版了研究意象的专著《诗歌意象论——微观诗史初探》。这部著作从意象的溯源、意象的界说、意象与符号的关系、意象的组合、意象的分类、意象的艺术特征、意象统计举隅、意象解诗例说、意象的美学意味和文化整合、意象的更新和诗歌的发展等十几个方面对意象范畴进行了全面深入的研究。陈植锷在定义意象的时候也采取的是类似袁行霈的方法，通过比较意象与形象和意境两个相

---

① 袁行霈. 中国古典诗歌的意象 [J]. 文学遗产, 1983 (4)：9.

近概念的方式来确定意象的内涵。

陈植锷认为现代文学理论中的"形象"学说，其理论内涵主要来自欧洲和苏联。苏联传统中，充当文论用语的形象主要有两个义项：一是指作品描写的对象；二是特指文艺作品中的人物形象。前一个意义上的形象泛指客观世界一切有形有象的事物，指客观的物象和事象，近于意象一词中的象，而并不包括主观的意。意象不仅要有形象，更关键的是在其上要有作者的情思，也就是要使形象上升为意象。诗人成熟的标志不是描绘出世界中有形有象的物体，而是创造出属于他个人的意象，这些意象要能充分呈现作者的思想与个性；下一个意义上的形象即文艺作品中的形象，主要是以小说和戏剧为式样的欧美文学的产物，是以叙事为主的文学创作事实的理论反映。反观中国文学，抒情传统非常发达，文学形式则以诗歌和散文为正宗。把引自西方的形象概念硬套在中国诗歌的研究上多有不契合之处。形象和意象的概念分野就在此处。

陈植锷认为意象和意境两个概念既有联系，又有区别。联系在于两者从本质上讲都根植于中国古代重言志、抒情的表意文学观。意境作为一个后起的文论和美学概念，是在意象的基础上形成并发展起来的。区别在于两者一前一后，一大一小。一前一后是说由初民的原始歌谣创作到唐代的诗歌，主要处于意象理论阶段；意境说则是对唐代近体诗、五代词等新兴文学样式的理论总结。意象和意境的发展是一前一后。在陈植锷看来，意象和意境的一大一小是指："意象所着眼的是诗歌作品中与单个物象相对的语词，而意境则着眼于全篇的构思，一大一小，侧重的范围截然不同。"① 之所以会这样，是因为"'象'，指个别的物象和事象；'境'，指整体的生活场景"②。陈植锷在辨析意象与形象、意象与意境的关系后对意象是这样定义的："诗歌艺术最小的能够独立运用的基本单位。"③

除了以上提到的敏泽、袁行霈和陈植锷，以下几位研究者也对意象有具体、专门的研究。胡雪冈出版了研究意象的专著《意象范畴的流变》。此书虽出版于 2002 年，但据他后记说书稿写成后搁置了整整 10 年才出版，依此推算这本书的整体观点在 90 年代初就已成形，所以将其观点放在 90 年代进行论述比较恰当。《意象范畴的流变》共分三编：上编、中编、下编，在每一编中都讨论了与意象相关的大量问题。上编意象的滥觞和成熟讨论了意象说的滥觞、孕育、形成、发展、成熟、总结；中编意象的建构和形态讨论了诗歌、词、戏曲、文章、书法、绘画、音乐等不同形态的意象；下编意象的定义和辨析，讨论了"意象"与"物象""兴象""形象""意境""气象""境象""景象""象外之象"之间的关系。全书资料丰富、论证翔实，从章节的设置就可

① 陈植锷. 诗歌意象论——微观诗史初探 [M]. 北京：中国社会科学出版社，1990：35.
② 陈植锷. 诗歌意象论——微观诗史初探 [M]. 北京：中国社会科学出版社，1990：35.
③ 陈植锷. 诗歌意象论——微观诗史初探 [M]. 北京：中国社会科学出版社，1990：17.

看到作者意欲讨论与意象相关的方方面面的问题。不过此书存在的问题也很明显，就是把意象范畴定义成了一个差不多涵盖一切文学式样和文学体裁的超级概念。这样无限扩大意象内涵的结果就是冲淡了意象作为中国古典诗学概念的独有特质。胡雪冈的专著中搜罗了很多与意象相关的资料，对拓展意象的研究有一定的作用，但对意象内涵的研究推进则比较有限。

汪裕雄1996年出版了研究意象的专著《意象探源》。全书分原起论、基型论、审美论三编，对意象概念从哲学领域到审美领域的转换过程做了历史性的追述和考察。汪裕雄认为审美意象是美学的中心范畴和核心概念，在对审美意象的研究中应将其放置于中国文化的整体大背景中予以考察，放在具体的审美活动中来论述。汪裕雄在书中广泛参照各种西方的现代理论，诸如心理学、结构学、符号学、解释学等，对艺术品展开多层次、多角度的分析，给人耳目一新之感。汪裕雄在2013年还出版了《审美意象学》。汪裕雄的意象研究不局限于中国古代文论的资源，他的理论视野开阔，力图在中西文论的对比中凸显了意象的中国特质。

在1996年，袁行霈还出版了研究中国古典诗歌的论文合辑《中国诗歌艺术研究》（增订本）（1996年）。全书共分两编：上编主要讨论中国古典诗歌的多义性、意境、意象、语言的音乐美、艺术鉴赏、言意与形神及诗与禅的问题；下编则具体讨论了有代表性的古代诗人的艺术风格及特色。这部著作的自序也很重要，论及意象研究的诸多问题，比如，自然景物意象化的过程也就是诗歌艺术不断丰富和深化的过程。袁行霈对意象的定义"融入了主观情意的客观物象，或者是借助客观物象表现出来的主观情意"影响深远。

黄展人在其主编的《文学理论》中对意象概念有多角度、多层次的定义，包括意象研究的构思、与形象的关系、情意与物象的关系，涵盖面非常广。陈良运的《中国诗学体系论》和孙耀煜的《中国古代文学原理》两部著作将意象范畴放置在中国诗学体系或古代文论的体系中进行论说。

20世纪90年代除了上面提到的，比较重要的论文还有刘敬瑞的《诗歌意象述论》，刘敬瑞、张遂的《意象界说》，刘伟林的《意象论》和徐军强的《论审美意象的基本特征》，其中刘伟林认为意象即是"意中之象"。

20世纪90年代关于意象内涵的研究总体上呈现百花竞放之势，学者从不同的角度、各个侧面对意象的内涵进行了深入的研究，其中有的观点被广泛接受，成为下一步研究的基础。

3. 2000年以来

进入2000年，在不同学者的努力下，意象的研究又有新的进展。敏泽在2000年发表的《钱锺书先生谈"意象"》是一篇重量级的论文。文中重点介绍了钱锺书关于意象的看法。钱锺书关于意象的看法发常人之所未发，而又言之成理，持论有据，敏泽的论文甫一发表就在学界引起很大反响。对于钱锺书的观点上文已有专门介绍，这里只简单提一下。钱锺书关于意象最主要的观点可以这样来概括：刘勰《文心雕龙·神思》和司空图《诗品·缜密》中的"意象"只相当于后世"意"的用法，意象是因为行文需要而作为偶词书写的，不同于后世文论中作为主观之意与客观之象交融契合的意象之用法。再有就是需要注意《诗》之象与《易》之象的区别，前者不离，后者不即，前者毋庸更张，后者可以替换。

　　在新世纪，最能代表意象研究高度和深度的人是蒋寅，他在 2002 年发表了一篇极有分量的论文《语象·物象·意象·意境》。这篇论文的一个重要成果是重新引进并定义了语象概念，并从语象和物象的角度重新定义了意象。蒋寅的这篇论文涉及了意象研究的诸多问题并进行了富有新意的论述，他这样来定义意象："经作者情感和意识加工的、由一个或多个语象组成、具有某种意义自足性的语象结构，是构成诗歌本文的组成部分。"① 蒋寅的这个定义除了有属于主观之意的层面——作者情感和意识的加工，还涉及了意象的表现形式（一个或多个语象组成）和意象不同于物象的方面（某种意义自足性的语象结构）。蒋寅认为要明白意象的内涵，还需辨清意象与意境之间的关系，搞清了这两个相互纠缠的概念会加深对意象内涵的理解。

　　在新世纪，开始出现以中国古典意象为研究对象的博士论文。2012 年西南大学的赵天一撰写了《中国古典意象史论》的

---

　　① 蒋寅 . 语象·物象·意象·意境 [J] . 文学评论，2002（3）：74.

学位论文。赵天一把古典意象史看成"'意'与'象'互搏的历史，即'贵意'论和'尚象'论的冲突史和调和史，而'意象'只是这种冲突和调和的表征，是'贵意'和'尚象'两种文艺精神互搏、互渗的结果。'贵意'和'尚象'存在于任何一个时代的任何一个流派，二者的消长构成了中国古典意象史的主线，也是'意'的系统和'象'的系统派生出与'意象'相关范畴的根源和动力"①。依此主线，赵天一将"意象史"分为东汉之前的"前意象时间"、东汉至唐的"意象的诞生和发展期"、宋元的"意象的自觉期"、明清的"意象的成熟期"、民国至今的"意象的总结期"五个时期。赵天一在论文中明确说到他只探讨自先秦到明清的前四个时期的意象史，而不将涉及西方理论较多的民国到当下的"意象总结期"纳入其中。赵天一的意象史的研究与胡雪冈关于意象范畴史的研究多有相似之处，即都是在中国传统文论的框架内梳理相关材料，并在此基础上找出意象发展的线索或意象范畴演变的轨迹。赵天一的研究在材料的组织和理论的构建上比胡雪冈更胜一等，推进了中国古典意象史的研究。同时也应该看到，他研究的长处同时也是他的短板：过度局限于中国传统文论资源，缺少西方现代理论的关照。

最近几年有一篇关于意象研究的比较有分量的论文是田义勇2015年发表的《"意象"研究钩沉与反思——兼论"意象"内涵

---

① 赵天一. 中国古典意象史论 [D]. 重庆：西南大学，2012：5.

及其审美特性》。这是一篇带有文献综述和方法革新的论文。田义勇认为意象研究在语源阐释与思想方法上虽取得了诸多实绩，但仍存在着一定问题。他认为在追溯意象语源时，应当注重象在言和意之间的中介关联性，继承早期的言、象、意的三元范式，重新认识并扬弃明清时期的情景交融的二元范式。田义勇认为在研究方法上，无论"主客二分"还是"超主客二分"，都不能真正摆脱二元范式的窠臼，亦不契合中国思想实际。田义勇认为意象研究应当奠基于先秦时期即有的"和实生物""相异者相济"的理念。所谓"审美意象"，在田义勇看来就是以一"意"（"游观意识"）摄三"象"（"心象""物象""语象"）为基础的上下贯通与三元交融的体验活动及其结果。[①] 他主张从美学而不是文论的角度展开对意象（审美意象）的研究。在田义勇的意象研究中最值得注意的是他明确的方法论意识，主张扬弃意象研究中主客二分的范式窠臼，注重象在言和意之间的中介作用。

　　新世纪关于意象内涵及范畴的研究，承续了前一个时期的意象研究，并在此基础上有了一定的突破，比如，语象这个概念的引入，就打开了意象研究的新空间。关于意象研究的范式也有了新的突破，以田义勇为代表的学者主张摆脱主客二分研究范式，把原来简单的客观物象分解为心象、物象和语象。这方面研究的突破给意象研究带来了新的活力，但在具体研究中仍存在一定的

---

　　① 田义勇 . "意象"研究钩沉与反思——兼论"意象"内涵及其审美特性［J］.西北大学学报（哲学社会科学版），2015（5）：51-59.

问题，这也构成了本书继续深入的一个着力点。

（三）审美意象

以上对意象内涵及范畴史的讨论主要集中在文论的范畴之内，在美学领域也有不少学者围绕着意象展开自己的研究，或者着力挖掘意象的美学意蕴，或者努力做意象的现代转化工作。由于本书的主要关注点是意象内涵以及由此衍生出来的问题，所以关于审美意象的研究只是挂一漏万地简单提及几点。

在美学领域，意象一般被称为审美意象。皮朝纲在 20 世纪80、90 年代出版的两本著作《中国古代文艺美学概要》和《中国美学沉思录》中有专门对审美意象的论述。夏之放在 20 世纪90 年代就写有专门研究审美意象的论文《论审美意象》和《以意象为中心话语建构文艺学理论体系》。从 90 年代到新世纪，公开出版的影响比较大的教材中基本都设有审美意象的章节，比如，童庆炳主编的《文学理论教程》、田义勇的《审美体验的重建——文论体系的观念奠基》、李壮鹰和李春青的《中国古代文论教程》等。

叶朗是审美意象的积极提倡者和重要研究者，他在接连出版的三本美学著作——《现代美学体系》《胸中之竹——走向现代之中国美学》《美学原理》中，围绕着意象这个核心范畴做了很多工作，在新世纪更是鲜明地提出了"美在意象"这个命题。

比叶朗的"美在意象"命题更进一步的是朱志荣的"美是意象"说。朱志荣是"美在意象"的积极提倡者和努力捍卫者，他关于意象创构的研究在继承前辈学者的基础上努力创新，成为"美在意象"说的代表性人物。他的理论追求还不止于此。通过2000年和2013年先后出版的两本美学著作——《中国文学艺术论》《中国审美理论》，特别是后者，朱志荣逐步发展了"美在意象"的观点，建构起了以"美是意象"为核心的美学体系。不过他的观点也引起了个别年轻学者的批评，其中尤以韩伟的批评最为尖锐。韩伟认为朱志荣以"美是意象"和审美意象的创构为主要观点的理论体系有比较大的问题——混淆了美与美的对象、美的观念之间的界限，对审美意象的特质性和精粹性提出了质疑，还认为这个学说欠缺理论的周延性和普遍性。

针对韩伟的批评，朱志荣积极撰文进行论辩，二人你来我往，论争了好几个回合，在学术界引起了不少的关注和不小的震动，两人观点商榷的论文可主要参阅：朱志荣的《论审美意象的创构过程》《论审美意象的创构》、韩伟的《美是意象吗——与朱志荣教授商榷》、朱志荣的《再论审美意象的创构——答韩伟先生》。除以上论及的关于审美意象的争论，韩伟还有一篇专门论述20世纪中国美学的意象理论的论文。

第二章

三境与语象

三境，这里指的是"物境""情境"和"意境"。这三个概念以"境"为基点，分别关涉其与"物""情"和"意"之间的关系。意象与意境关系密切。从语言层面讨论意象时会涉及语词和意象的关系，这二者之间的关系集中体现在语象这个概念的定义及论争上。

第一节　意境与三境

意境同意象一样是中国古代文艺理论中非常重要的概念。意境和意象如同一对孪生的概念，提到其中一个往往就会关联到另一个。提到意境，人们首先想到的就是王国维。王国维在《人间词话》中用意境学说对中国古典词学（诗学也同样适用）做了集大成的总结。他提出的意境理论影响深远，后经朱光潜、宗白华、李泽厚等老一辈美学家进一步发扬光大，逐渐确立了其在中国诗学理论乃至在古典文艺理论中的核心地位。此后这种观点成为学界的主流，少有学者能撼动它的地位，这种情形直到罗钢的意境研究才有了新的突破。罗钢的观点概而言之就是：意境说和意境史的研究是现当代学者"依据王国维等提供的理论范式，利用中国古代诗学的思想素材所进行的一种人为的话语建构"。这种话语建构是对中国古代诗学理论的歪曲和遮蔽，"在中国古代诗学传统中，'境''境界''意境'都是一些高度语境化的术语，只有深入研究这些术语所从出的语境，才能对它获得一种历史性的理解。"① 除了这篇，罗钢写有一系列的论文来详细阐释王国维的意境说与德国哲学家叔本华美学观点之间的关系及与古典诗学中赋比兴、兴趣说、韵味说等和境相关的概念之间的关系②。罗钢的论文考据到位、辩理深入，观点让人信服，冲破了笼罩在意境研究上的种种迷雾，给新的研究打开了空间。

本书意不在梳理关于意境的种种学说，只限于列举学界关于意境的主流看法，并在此基础上展开相关问题的探讨。这里取的是袁行霈对它的定义："意境是指作者的主观情意与客观物境互相交融而形成的艺术境界。"③ 这个定义和他对意象的定义非常接

① 罗钢.学说的神话——评"中国古代意境说"[J].文史哲，2012（1）：5.
② 参见罗钢关于意境研究的系列论文：本与末——王国维"境界说"与中国古代诗学传统关系的再思考[J].文史哲，2009（1）：5-21；意境说是德国美学的中国变体[J].南京大学学报（哲学·人文科学·社会科学版），2011（5）：38-58+159；"把中国的还给中国"——"隔与不隔"与"赋、比、兴"的一种对位阅读[J].文艺理论研究，2013（2）：57-66；暗夜里的猫并非都是灰色的——关于"情景交融"与"主客观统一"的一种对位阅读[J].文艺研究，2013（1）：41-50；被发明的传统——《人间词话》是如何成为国学经典的[J].南京大学学报（哲学·人文科学·社会科学版），2014（3）：81-90+158.
③ 袁行霈.论意境[J].文学评论，1980（4）：134.

近，不同的地方在于：意象是主观情意与客观物象互相交融；意境是主观情意与客观物境相互交融。在意境的定义里，关键的地方不是主观情意，而是客观物境。这里的理论难点在于客观之物如何成了境，进而又与主观情意交融在一起。这涉及境与物、情、意之间的关系，下面将重点考察这几个概念。

一、境

境是中国本土自有的词汇，常用来指自然风物。在文献中常用胜境、妙境来指自然中的山川风物及亭台楼宇。佛教观念传入中国后，境被用来译佛教概念，指人的"六根"，即人的感官所作用的区域，也用来指心识活动之范围。

一般认为意境说来源于佛教观念影响下的心识之境，但查正贤通过研究认为："山林之'境'与心识之'境'是认识世界的两个平行的概念……'意境'如果要以'境'为其概念之源，那应该是这个未受心识之'境'影响的山林之'境'，因为'意境'主要就是围绕对山林风物的表现而展开自己的概念形成之旅的。"[①] 如果说山林之境是境和意境的源始，那是不是说只要是对山水风物的描写就是有意境的呢？事实当然不是的，那是什么呢？"以'境'之名视山水风物为一个整体……是要求展现出山

---

① 查正贤. 论"境"作为中国古代诗学概念的含义——从该词的梵汉翻译问题入手 [J]. 文艺研究，2015（5）：11.

林风物的空间关系或景深层次。"①

二、物境

那什么是物境，如何才算有物境呢？先看一下王昌龄的观点，他以山水诗为例说明如何写才算写出了物境：

> 欲为山水诗，则张泉石云峰之境，极丽绝秀者，神之于心，处身于境，视境于心，莹然掌中，然后用思，了然境象，故得形似。②

王昌龄这里强调的是要置身于泉石云峰之中，把握它的美并把它描写出来。但具体应如何描写，则涉及了前边提到的景物之间的空间关系。实际在真正描写的时候，不仅会涉及泉石云峰这些实物，还涉及"远、近、左、右、前、后、高、下、大、小等方位与关系概念，以及来、去、起、止等人的行为概念和宽、狭、秀、雄等表达人的感受的概念"。③搞清了这一点，我们才能明白为什么泉石云峰只是指称现实中实物的名词，怎么一写到诗

---

① 查正贤．论"境"作为中国古代诗学概念的含义——从该词的梵汉翻译问题入手［J］．文艺研究，2015（5）：12.
② 郭绍虞．中国历代文论选（第二册）［M］．上海：上海古籍出版社，2001：88-89.
③ 查正贤．论"境"作为中国古代诗学概念的含义——从该词的梵汉翻译问题入手［J］．文艺研究，2015（5）：12.

歌中就成了物境，带上了作者的感受。其奥秘并不在于写了泉石云峰，而是作者用语词描写了它在空间关系中的位置及情态，这其中就包括方位与关系概念及表达人的行为及感受概念的语词。也正是这些因素的共同作用才"真正促成了空间观念中的延展性、必不可少的界限性以及与人的精神意识的相关联性"①。所以如何摆置并描写自然风物之间的次序，涉及的是一系列相关概念内在的共同作用。在这个意义上，物境不是自然中的自然风物，而是人以自己的心智认识并描绘出来的自然风貌。当把自然风物通过各种概念和位置之间的关系用语言表达出来时，物自身的情状或象就出来了，作者的意自然也就寓于其中了，这样最后营造出来的就是带有主观情意的物境了。

三、情境和意境

王昌龄在《诗格》中除了物境，还提到了情境和意境。上面说的是自然风物何以成为物境。离愁哀怨等是人的自然情感，这些情感一方面是内在的，除却本人，外人难以知晓；另一方面，这些情感又需要外化，外化之后极易被感知。在外化的过程中有几种途径或渠道：一种是用表示情感的语词——比如，高兴、欢喜、悲伤、痛苦等——直接表达出来。这是最简便和最常用的方式，也是大多数人在表达情感时的选择。另一种是假助于外物把

---

① 查正贤．论"境"作为中国古代诗学概念的含义——从该词的梵汉翻译问题入手［J］．文艺研究，2015（5）：12.

情感表达出来，这时就不再用那些直接表示情感的语词，而是把自己的情感潜隐在对外物的描写中，通过这种间接的方式把情感表达出来。用中国古代文论的术语来说，前一种是直接以言达意，后者是通过象作为中介来达意。

只简单用语词罗列出单个的自然风物并不足以构成物境，还需要把它与周围的景物并置在一起，并通过一定的逻辑次序，连带着作者的感受用语词表达出来才算构成了物境。这个原则在情境这里同样适用。在一个意义上可以说物、情、意是一体的，在描写物境、展现物境的同时，情境和意境也就都有了。我们很难见到只有物境，而其中却没有情和意的情况。反过来，如果情和意是通过境的方式而不是直白的方式表现出来，则其中多半也会有物境。这个说法类似于王国维对无我之诗和有我之诗的区分：无我之诗并不是说诗中没有我，而是说诗人隐身在诗作描绘的景物之后。这里需要留意的是物和物境的区分，仅仅用语词指明单个景物可以不带情和意，但如果把单个景物与其他景物关联起来，并按照一定的情感逻辑描写出来，这时就不是单个的物，而是多个物根据一定的关系组成的境了。

总之"情"与"意"之称为"境"，是在山水作为"胜境"的基础上出现的，这说明"境"的确可以理解为对诗文表面对象的总称，即情境和意境，是以物境作为基础，而这三境（物境、情境、意境）又是以"境"这个概念作为更深的基础而得以成立的。正如查正贤总结的："境"的核心要义，"不在于用这个概念把诗文对象（指的是自然山水风物等）确认为对象，而在于提出了应该如何表现对象。"①

四、境与意

在境与三境中，我们谈到三境要成为境，需得以"境"这个概念为基础。现在再以此为基础，考察一下意象与意境之间的关系。意象和意境这里取袁行霈的定义。

比照意象和意境两个概念，可以发现袁对意象和意境的定义中有两个要件：主观情意和客观物象（或客观物境）。主观情意和客观物象的结合为意象，主观情意和客观物境的交融为意境。这两个概念如此接近，它们的区别在哪里？

袁行霈是这样论述的："意境的范围比较大，通常指整首诗，几句诗，或一句诗所造成的境界；而意象只不过是构成诗歌意境的一些具体的、细小的单位。意境好比一座完整的建筑，意象只是构成这些建筑的一些砖石。"② 他的立论依据在"象"和"境"的区别上，这两个概念互相关联却又不尽相同，"象指个别的事物，境指达到的品地。象是具体的物象，境是综合的效应。象比较实，境比较虚。"③ 意境是由意象组合而成的，这种组合并不是简单的相加，而是在意的统摄之下的有序组合。单个的语词之所

① 查正贤．论"境"作为中国古代诗学概念的含义——从该词的梵汉翻译问题入手［J］．文艺研究，2015（5）：14-15．
② 袁行霈．中国古典诗歌的意象［J］．文学遗产，1983（4）：11．
③ 袁行霈．中国古典诗歌的意象［J］．文学遗产，1983（4）：12．

31

以不能构成为意象，就是因为没有意的统摄。下面一个重要的问题就是语词和意象之间是什么关系。

第二节　语象的再定义

在讨论语词和意象的关系时，有必要考察语象概念以及更深层次的语词和概念之间的关系。语象是在 20 世纪 80 年代经赵毅衡从西方的新批评引入中国诗歌研究界的。不过这个概念在引入后很长一段时间内并未引起学界的足够重视，直到 90 年代，特别是新世纪之后，随着以陈晓明、蒋寅、赵炎秋、孙春旻、黎志敏等知名学者加入语象问题的讨论，才重新激活了语象概念的内在活力。之所以到 20 世纪 90 年代之后学界才燃起语象讨论的兴趣，从学术潮流来看也和学界中的学者经历语言转向方法论的洗礼之后，主动更新研究方法和研究路径有关。在语言转向之前的学术语境中，语象和意象的关联并不突出，或者说在研究中并未突出意象与语词和语词之象的关联。在语言转向之后，语言的作用得到极大的凸显，遂使意象概念中的语言维度得到重视，引起学者研究的兴趣。下面就从语象这个概念入手，梳理一下几位学者对语象的定义，然后再综合考虑它与意象的关系，在此基础上看如何定义语象最合适，如何定义才能发挥它最大的理论阐释力。

一、语象的几种定义

（一）赵毅衡的文字构成的图像定义

语象最初是由赵毅衡在《诗探索》1981 年第 4 期的论文《诗歌语言研究中的几个基本概念》中提出来的。他认为文学作品中的 image 是一个人造的由物质材料（文字）构成的形象，"在文学作品中，image 并不是意识中的象，而是用语言描写出来的象。"① 因此他建议将 image 译成语象，并指出这个概念"强调的不是具象的词语，而是具词的象"。②

赵毅衡之所以想把 image 译为语象，而不是意象（学界一般是将 image 与意象对译），是和他关于文学形象的一系列想法相对应的。要弄清楚这一点就得先从赵毅衡对文学形象的分类谈起。在他看来，从客观世界到作者、作品、读者的关系是这样的："客观世界给予作者的形象是由客体的物理属性构成的，作者心中产生的形象无论是初次的映象还是回忆的再造形象，都是我们上文中解释过的由感觉或感觉的残留构成的'意识中的象'；而作品中的形象，无论宏观微观，都是语言描写出来的形象，它们的目的是用来激发读者意识的一个新的形象。"③ 赵毅衡把从世界到读者的形象分成了四个阶段，他认为作者心目中的形象和读者

---

① 赵毅衡. 诗歌语言研究中的几个基本概念 [J]. 诗探索，1981（4）：145.
② 赵毅衡. 诗歌语言研究中的几个基本概念 [J]. 诗探索，1981（4）：146.
③ 赵毅衡. 诗歌语言研究中的几个基本概念 [J]. 诗探索，1981（4）：145-146.

心目中的象是意中之象，不同于文学作品的形象。他认为："文学作品中的形象，是由具象的（能在读者意识中激发相应感性经验的）语言组成的。"① 简单地说就是文学作品的形象是由语言的造象功能实现的。文学作品中的形象（image）因为不同于作者或读者心目中的形象，所以它不应该被认为是意象，而应用语象来命名之。

正是出于以上种种考虑，他倾向于美国批评家威廉·维姆萨特的建议：把文学作品中的 image 改称为 verbal icon（文字的造象），并引用刘易斯对 image 的定义"文学构成的图像"，他建议将 image 译成语象。他还将语象分为两大类：单式语象和复式语象。前者即描述性语象，后者包括比喻性语象和象征性语象。

通过以上的论述可以看到，赵毅衡对意象的理解与以袁行霈为代表的学界主流相差甚大，他理解的意象是意中之象。意中之象只存在于作者或读者的头脑之中，它不同于用文字构成的图像。在他那里，文学作品的形象，即 image，是用语言文字构成的图像，实际就是 verbal icon，verbal icon 翻译过来就是语象。所以他建议把 image 翻译为语象。赵毅衡对语象的论述虽不同于主流学界，但也自成逻辑。

（二）陈晓明的存在主义视角定义

如果说赵毅衡是从西方的新批评那里取道引进了语象，那陈晓明则主要是用存在主义的视角对语象进行了自己的定义。陈晓

---

① 赵毅衡. 诗歌语言研究中的几个基本概念［J］. 诗探索，1981（4）：146.

明对语象的研究主要集中在他 1993 年出版的《本文的审美结构》一书。语象在陈晓明那里并不是一个译自西方的概念，而是他在分析文本的审美结构时，为语言事实的一维进行的命名。那陈晓明是如何分析文本的审美结构的，语象又到底是怎么一回事呢？

陈晓明认为能指词在进入文本时会发生三维分解："第 I 维：能指词的音响结构作为物质实体保存下来，……第 II 维：所指显示出来。能指词约定的所指从音响结构分解出来，……第 III 维：能指词约定的所指转化为'存在视象'。"① 存在视象在陈晓明那里是一个不同于日常世界的超越性的空间。存在视象的展开是依赖于语词能指词的分解的，在声音和意义消失之后存在视象展现出来。陈晓明是这样定义语象的："本文既定的语言事实在能指词的三维分解里呈示出'存在视象'。……语象没有经过任何具体化的领会或规定，它仅仅从能指词分解而来，或者它只是所指的直接转化。"②

蒋寅比较认可陈晓明对语象的这个定义，并在自己的论文《语象·物象·意象·意境》的论文中引用了陈晓明对语象的分析，蒋寅认为语象概念的引入是基于诗学研究领域意象和意境概念在理解和使用上的混乱，"拟根据诗歌文本在组织层次上的实际单位，引入语象和物象两个概念"，目的是"尝试在与这些相关概念的辨析和比较中重新定义意象的概念，使诗歌理论和批评

---

① 陈晓明. 本文的审美结构 [M]. 石家庄：花山文艺出版社，1993：87-88.
② 陈晓明. 本文的审美结构 [M]. 石家庄：花山文艺出版社，1993：90.

能得到一个方便实用的概念系统"。①

(三) 赵炎秋的文学形象层次定义

赵炎秋是从研究文学形象的内部构成切入语象问题的。在文学形象的问题上，赵炎秋的看法是这样的：文学形象是由语言建构的，但文学语言并不是文学形象。他的理由是"形象和语言是不同领域内的东西，形象由语言构建，但不等于形象就是语言，它们各有自己的规定性"②。那语言要如何构建形象呢？赵炎秋认为，"必须消除自己的规定性，将自己的规定性融入形象的规定性中去。"另一个理由是："如果语言就是形象，那么，我们记得一个形象，就应该记得构建这一形象的语言，但经验告诉我们，当一个形象在我们的脑海里栩栩如生的时候，构建这一形象的语言我们却记不起来，至少是不能准确地记起来。"③ 从这一现象和理由出发，赵炎秋认为语言与形象不可能是同一的。

基于语言和形象的不同一性，那么二者之间——在赵炎秋看来——就必然存在一个过渡的问题。对为什么二者之间存在过渡，他也有具体的论述："语言是抽象、普遍一般、缺乏感官直接性的，而形象则是具体特殊、有机统一、保留了生活的全部感性形态的。语言既无法凭借自己的物质性也无法凭借自己的意义

---

① 蒋寅. 语象·物象·意象·意境 [J]. 文学评论，2002（3）：69.
② 赵炎秋. 从语言到思想——再论文学形象的内部构成 [J]. 文艺研究，2004（6）：34.
③ 赵炎秋. 从语言到思想——再论文学形象的内部构成 [J]. 文艺研究，2004（6）：34.

直接地构成形象，它们之间必然存在一个质的转化过程。"① 在语言向形象转化或过渡的过程中，"语言先要构成一些感性具体的生活断片，然后再在这些断片的基础上形成文学形象。本文将这些感性具体的断片称为'语象'。"② "所谓语象，就是一定长度的言语在其直接的感性显现的基础上所形成的感性的生活断片。"与文学形象相比，语象具有如下特点："其一，非整一性。……其二，没有作为一个整体的自己的质的规定性。……其三，非实体性。"③

在赵炎秋那里，文学形象由语言、语象、具象与思想四个层次构成，语象只是文学形象构成的一个层次。语象在赵炎秋那里，不再局限于诗学领域，而是扩展到了整个文学，更涉及他对语言的一般认识。

（四）孙春旻的直觉性心理画面定义

孙春旻对语象取的是它的字面义，并主张扩大语象的适用范围，从诗歌文本扩展到散文等其他文学文本。他认为语象是"凭借着语言与表象的稳定的对应关系而呈现的直觉性的心理画面"④。孙春旻认为纯粹的语象不表现自身之外的意义，而意象在

① 赵炎秋．从语言到思想——再论文学形象的内部构成［J］．文艺研究，2004（6）：35.
② 赵炎秋．从语言到思想——再论文学形象的内部构成［J］．文艺研究，2004（6）：37.
③ 赵炎秋．从语言到思想——再论文学形象的内部构成［J］．文艺研究，2004（6）：38-39.
④ 孙春旻．论"语象"［J］．广东技术师范学院学报，2005（2）：34.

语象的基础上多了不可被语言所尽之意蕴,其作为构筑作品整体图像的基本质料而对作品有重要意义。

从以上所列几个对语象有代表性的界定来看,目前学界对语象概念有相当的关注度,也对其内涵进行了比较深入的探讨,激发了这个概念的内在活力。但在具体的研究中仍存在界定混乱及与其他概念关联不清的问题。针对这种现状,下文尝试在辨析前人定义得失的基础上给出自己的一个定义。

二、现有几个定义的疑点

(一) 语象是不是用语言描写出来的象

关于语象是由语言构成的这一点,多数论者不会有什么疑问。对语言是否有象,是否所有的语言都有象,言和象之间是什么关系等问题则是众说纷纭。

先看赵毅衡关于语象的定义:语象是语言形象,是语言中的象。它强调的不是具象的词语,而是具词的象。这个定义初看起来很清楚,也符合我们的常识,但如果深入追问下去就会遇到难以自圆其说的难题。

黎志敏在论文《语象概念的"引进"与"变异"》中就对语象概念的定义提出质疑。"赵毅衡其实将'语象'作为 verbal icon, icon, image 三个英文词(组)的译语",黎志敏认为 image 不是语象,他追溯到赵毅衡论述语象时引用的刘易斯(C. D. Lewis)的原文,认为他在翻译时没注意到英语原文中的

made out of 与中文词组 "构成" 并不等值。如果认为二者是等值的就会把语象识认为语言文字的外观，而这和刘易斯的 image 概念——a picture made out of words 不符。他认为 image 可以解释性地翻译为 "人们在阅读语言文字时，意识所产生的图像"。简单来说就是意中之象，是由语言文字诱发的。黎志敏接着还考察了 verbal icon 和 icon 都不是赵毅衡意义上的语象概念。最后黎志敏认为："image，verbal icon 和 icon 都不是'语中之象'。因此，赵毅衡的'语象'概念有其名、无其实，也就是说'语象'这个能指的所指并不存在。这是一种有名无实的'悬置学术概念'。"①

黎志敏在论文中对陈晓明的语象定义也提出了疑问：（1）语象自在的存在性和它存在于人类的意识中的表述是矛盾的；（2）语象不是自在的，语词的能指和所指之间的关系既不客观，也不确定，更不 "自在"；（3）能指词不能自动分解成为所谓的 "存在视象"，语象不具有 "能动性"。黎志敏的看法是：陈晓明所说的 "语象" 概念只有能指，所指并不存在，也是一个悬置学术术语。在考察了赵毅衡和陈晓明的语象概念之后，他给出了自己的论断：语象概念不成立，不可能作为阐释意象的基础概念。②

（二）语象是不是提示和唤起具体心理表象的文字符号

蒋寅对语象的定义（诗歌本文中提示和唤起具体心理表象的

---

① 黎志敏. 语象概念的 "引进" 与 "变异" [J]. 广州大学学报（社会科学版），2008（10）：83.

② 黎志敏. 语象概念的 "引进" 与 "变异" [J]. 广州大学学报（社会科学版），2008（10）：83-85.

文字符号，是构成本文的基本素材）是比较具体的，在他的定义中有这样几个关键词：诗歌本文、具体心理表象、文字符号。语象这个概念是仅限于诗歌文本，还是也适用于其他门类，与怎样限定语象这个概念有很大关系。语象是文字符号，这点争议不大，焦点在于语象是不是用文字符号提示和唤起的具体心理表象。

为了更好地说明这一点，我们看一下蒋寅对物象的定义："物象是语象的一种，特指由具体名物构成的语象"。① 简单地说就是主体看到具体名物——比如，植物、动物等——的文字符号在心中唤起的心理表象。单看这个定义，大体是可以成立的，如果说有什么问题，就在于哪些文字具有提示和唤起具体表象的功能，这背后关联到的一个更大的问题是语词和表象之间的关系。所以蒋寅对语象的定义初看起来明晰，实则还需进一步的界定。如果按他的这个定义，物象是语象的一种，是由具体名物构成的语象。那诗歌文本中除具体名物之外的其他语词，比如，虚词、语气词等也是语象吗？语象和意象之间是否是同一个概念，如不是，它们的区分在哪里？这些问题是蒋寅对语象的定义中所内蕴的，但他并未就这些问题有足够令人满意的回答。

（三）语象是不是感性的生活断片

再来看赵炎秋对语象的定义："一定长度的言语在其直接的感性显现的基础上所形成的感性的生活断片。"在《从语言到思

---

① 蒋寅. 语象·物象·意象·意境 [J]. 文学评论, 2002 (3): 74.

想：再论文学形象的内部构成》中，赵炎秋这样阐释"生活断片"和"感性显现"："作为从语言到形象之间的过渡的语象，自己也是生活的一种表现形态，只是这种表现还不完整，还只是一些零散的碎片，不能成为一个有意义的生活单元，因而只是一些生活的断片""文学语言通过各种方法，将语言感性具体的一面突出出来，这突出出来的感性具体的东西就是'感性显现'"。①

赵炎秋对语象的定义看似清楚明白，实则语焉不详，只在一个平面上打转，没有揭示语象这个概念的关键之点。比如，所谓"一定长度的言语"到底指多长？是一行、一段还是一篇？没有给出一个清晰的界定。赵炎秋在论文中提到"语言通过各种方法，将语言感性具体的一面突出出来"，但又没具体谈到通过哪些方法，又如何将语词感性具体的一面突出出来。这些都是他的定义中需要进一步明确的地方。还有，语象形成的是不是感性的生活片段，片段和整体如何区分？这些也都是定义中的疑点。如果再看赵炎秋对语象的界定，倒更接近于常说的文学形象。文学形象和语象的区别是赵炎秋的这个定义中没有深入回答的。

总结来看，在对语象的研究中，不同学者的持论并不统一。但不管是主张引进语象概念，并把它运用到自己的研究中，还是认为没必要引进语象，语象只是一个无所指的悬置用语，都在某

① 赵炎秋. 从语言到思想——再论文学形象的内部构成 [J] . 文艺研究，2004（6）：37.

种程度上激发了学界对语象的讨论，挖掘了它的概念潜力。不可否认的是，在已有的研究中，除了赵毅衡对语象的定义有西方新批评的理论背景，其他学者多依据自己研究的实际需要而对语象进行定义，这带来的问题就是：不同学者虽然都是用的"语象"这个语词，但是其内涵却迥然不同。在这种境况下很难展开有实际意义的理论对话，也很难从语象这个突破口切入意象乃至文学问题的讨论。针对这种情况，本书将致力于搭建语象与其他概念的有机关联，以求能构建一个比较稳定的概念框架，并在此基础上给出自己的一个定义。

三、怎样界定语象最合适

（一）"象"的辨析

在重新界定语象概念前，有必要先考察一下现有的关于"象"的几个概念，然后再看一看在现有的概念框架内如何界定语象才最准确。

1. 卦象

所谓卦象，指的是《周易》中八卦的卦象。八卦起源于原始宗教的占卜，民众用所卜的卦象来预测事件的吉凶。在《周易》中"—"代表阳爻，"- -"代表阴爻，每一卦由三爻组成，合成八种图形，叫作八卦。每一卦代表一定的事物，比如，乾代表天，坤代表地，震代表雷，巽代表风，坎代表水，离代表火，艮代表山，兑代表泽。八卦两两搭配又得到六十四卦，用来象征各种复杂的自然和社会现象。卦象最初也有一定的象征作用，但到后来，"已很难见出对相应的对象形容和模拟的痕迹了，就是说，八个符号是超脱具象的，不再以感性事物的本来面目出现，它们所蕴含的阴阳刚柔的观念具有了更高、更普遍的意义"。[①] 后世所谓的卦象不再是具象的，而是超具象的。

2. 物象

物象一般的用法是指事物外在的形象。物象是主体可以直接感知到的对象的存在。这个意义上的物象是客观事物自身具有的，不管有没有被主体感知，它依然在那里存在。绝大多数论文中涉及物象的都是在这个意义上使用的。

关于物象，还有一类界定，比如，蒋寅就认为物象是由具体名物构成的语言形象。在这个定义中物象就不再是事物自身的形象，而是经由语言，特别是具体名物构成的形象。正因为这个逻辑，所以蒋寅才会认为物象是语象的一种。

这两种定义哪一种更有优势，很难用简单的一句话来概括。因为物象与语象的关系密切，这两个概念又都与意象相关，所以如何谨慎地界定物象和语象就需要通盘考虑各个概念之间的关系。

3. 表象

表象即心理表象，主要是一个心理学概念，后被引入文艺学的研究领域。表象的大致意思是：事物不在眼前时，主体在头脑

---

① 陈良运. 中国诗学体系论［M］. 北京：中国社会科学出版社，1992：166-167.

中浮现出来的关于事物的形象。表象不是事物在眼前时，主体对物体的直接感知，而是当对象消失后，主体调动想象在头脑中再现的过程。如果与物象相对照，可以把物象界定为当事物在眼前时，主体在头脑中浮现出来的形象。也就是物象需要事物的在场，表象则可以借助头脑的想象性再现。

表象是经过感知的客观事物在脑中再现的形象。只有通过表象这个过程，外界的自在之物才得以进入主体的视界。如果自在之物是一个自在、自为的存在，不与主体发生关联，那它始终就是一个自在之物。只有当它向主体呈现自身，才能激活其存在。那么自在之物如何向主体呈现其存在呢？主体通过感官——主要是通过视觉——接收到客观存在的事物的讯息，然后再经过一定的加工，以表象的形式存储在主体的头脑里，当需要时再通过记忆将之唤起。

4. 想象

想象是主体在头脑中凭借记忆将表象所提供的材料进行加工，从而产生形象的过程。作为想象基础的"象"，并不是凭空产生的，而是得自于主体从现实生活中获得的丰富、复杂的表象。然后在此基础上对记忆中的表象进行选择、改造、加工之后形成的新的形象。

想象在心理学上可分为两大类：无意想象指没有预定目的的自由想象，典型的如梦境。有意想象指事先有预定目的的想象。有意想象又可细分为：再造想象，指根据别人话语的描述或简单的图形，在头脑中形成新形象的过程；创造想象，指不借助外在的描述或图形，而在大脑中独立完成新形象的创造；幻想，指没有道理或根据的想象或对还未实现事物的想象，广义上属于创造想象。

5. 心象

同一个客观外物呈现在不同人头脑中的表象会有所不同，不同的人甚或同一个人在看到同一个客观事物或同一个语词时，在心中唤起的象也会有所不同。

关于心象应如何定义有不同的意见。认知心理学家索尔索对心象是这样定义的："不在眼前的物体或事件的心理表征。"[①] 依索尔索的定义，心象是主体对不在眼前的物体或事件的心理表征。如果采用这个定义，那心象概念就与表象概念基本同义。不过，这两个概念的使用还是略有区别：表象更多用在心理学领域，心象更多作为文学术语使用。

（二）语象概念的再界定

上面简略辨析了卦象、物象、表象、想象和心象等几个和象有关的术语，下面我们看一下在现有各个概念的内涵交叉之后还留有多大的概念逻辑空间，然后在此基础上找寻语象概念的精准定位。之所以这样做是因为，如果现有的概念组成的逻辑之网已尽数涵盖了关于象的研究空间，那语象的引入就如黎志敏的论文中所言及的，是一个不成立的概念。如果概念都谈不到成立，那

---

① 刘景钊. 心象的认知分析［J］. 晋阳学刊，1992（2）：61.

就更谈不上给研究带来的便利及收益了。

事物是自在存在的，它的形象即物象只有进入人的意识才能被把握。虽然只有进入人的意识的事物才能被把握，但并不意味着事物是依赖于人的意识而存在的。这里有一个重要的区分需要注意：事物的自在或自为存在，只有被意识或精神把握，才算在意识中存在。按照唯物主义的观点，事物是客观存在的，这是事质性的一面；在概念的层面上，事物和意识是成对出现的，没有时间上的先后之分。或者简单地说，如果没有意识之光对事物的探照，事物自身是无法显现自身的。

先看一下各主要概念是如何把握事物的：表象把握的是事物不在场时在主体头脑中留下的映象；想象是借助头脑中的表象，从而产生新的形象的过程；照相机、摄影机等电子媒介是用仿象或拟象的方式对事物的机械"复制"；抽象是对事物之间共同属性的把握。

下面集中来看一下语象和物象。如果把物象定义为：（1）由具体名物构成的能唤起心理表象的文字符号，那物象就会与意象概念有很大的交叉与重叠。比如，在"两个黄鹂鸣翠柳，一行白鹭上青天"这句诗中，按照一般的说法"黄鹂""翠柳""白鹭"在诗歌文本中就不是单纯的事物，而是融入了作者情意的客观物象，那时这几个词就是意象了。如果按照上面对物象的定义，那这三个词既是物象，也是语象，同时还是意象，这会带来不必要的麻烦。反过来说就是以上对物象的界定不是很恰当。（2）物象是事物本身的形象。事物自身有没有形象？有的，只是这里的形象是还未被意识把捉到的形象。一旦事物的形象被意识把捉就是头脑中的表象，而不是物象本身了。如果采用这个定义，可以有效避开概念交叉带来的混乱。

再看一下诗歌文本中的具象语词。一方面它可以被用来指称现实中的实物，可以在读者头脑中唤起与之相应的具象；另一方面由于在诗歌中反复使用，它身上积淀了相对比较固定的文化内涵和社会意义。因为这个差别，在逻辑上就有必要用专门的语词或概念加以区分。具体到诗歌解析中，如果要真正读懂一首诗，不仅要理解具象语词的表面意思，还需探求具象语词的文化意义和作者在其上寄寓的不同于以往的特殊意谓。

为了研究的方便，有必要用两个概念来命名之。可以把第二种情况，即具象语词在头脑中唤起的与之相应的附带了历史、文化意义的形象称之为心象。而把第一种情况，即具象语词在头脑中唤起的与之相应的事物形象称为语象。之所以做这两种区分，是想强调对诗歌的理解不应停留于单纯的语象，而应深入语词的心象。这样才能把对语词的理解从表面的语词引起的想象深入到语词背后的文化意涵中去。

通过前文对敏泽、钱锺书、袁行霈、陈植锷、蒋寅几位有代表性的现当代学者对意象内涵的梳理，可以得出这样一个初步的结论：意象是由主观之意和客观之象两个要件构成的，缺一不可，且仅有这两个要件还不行，必须使二者相互交融契合才可以称之为意象，否则只是单纯的主观之意或客观之象。在讨论语象时涉及了语词和意及象之间的关系，沿着这个逻辑深入追问下去：语象和意象是什么关系，语言中的意和象到底有什么关系？对这些问题的探索将有助于从新的角度进入意象并拓展新的研究空间。

第三章

象与意之关系新探

前文谈了现当代几位学者对意象概念的界定，廓清了作为现代文论术语意象概念的两个要点——主观之意和客观之象以及二者的交融契合，在此基础上追问了进一步进行意象研究可能会遇到的几个难题。这一章将主要从语言哲学视角探讨语言中象与意之间的关系，以期能对这个问题有新的见解，并以此为基础从新的角度进入意象研究。

关于"象"，前文已有所涉及，它和言、意之间的关系或者说言意之辨构成了中国古典诗学的重要理论基础。在言意关系上，主要有三派观点，分别是言不尽意论、得意忘言论和言尽意论。言不尽意论可追溯到《老子》，主要见于《庄子》中的相关论述，在魏晋时期有大量的讨论；得意忘言论，可追溯到《周易》，《庄子》中也有相关论述，在魏晋玄学家王弼的《周易略例·明象》中有系统的阐述；言尽意论以西晋的欧阳建为主要代表，他的观点主要见于由他撰写的《言尽意论》。与言尽意论相对的是言不尽意论和得意忘言论，后两者具有内在的连续性——正因为言不尽意，所以要立象以尽意，得意之后再忘象忘言。得意忘言论是中国古代在言意关系上的主流观点，对后世诗学的各方面有很深的影响。

从古代的相关论述来看，象与言、意的关系论述众多，对其理解也充满歧义，但主要的线索还是清晰的，即象能否成为意与言的中介，隐含的命题是意、象、言是否具有一条可以进行因果推导的逻辑线索。此处对这条逻辑线索进行语言现象学的剖析。最后，通过概念考察将这条逻辑线索瓦解，指出象与意的非因果性联系，从而对象、意、言三者关联做出新的阐述。

第一节　古典"象"理论的梳理

关于象，中国古代文论中有大量的论述。这里，我们尝试追溯"象"的起源及关于它的经典论述，对其主流线索做一个简要描述，以利于明确问题的范围和方向。

一、从象形到概念

（一）象形字的"象"

"象"字作为成熟的汉字，最早见于甲骨文，本义是指一种特殊的动物。《说文解字》注曰："象，南越大兽，长鼻牙，三季一乳，象耳牙四足之形。凡象之属皆从象。""象"字，是一个典型的汉字，强调的是象这种动物的长鼻。现在谈到象，一般人首先想到的是生活在亚洲南部的亚洲象和生活在非洲的非洲象，在中国北方并没有象这种大型哺乳动物的存在。据历史地理学者文焕然先生研究，野象曾在中国广阔的土地上存在过，[①] 据赵天一考证，在殷商时代的统治区——主要在今河南、山东一带——就有野生象的存在。[②]

考证出殷商一带自产野象，野象并不全是从外边弄回来的，这一点并不是无关紧要。它可以表明，在当时人们还能见到象，由于其体型的庞大和数量的稀少，它会在生产和生活中扮演比较重要的角色，比如，人们把象牙制成生产工具或者装饰品，用象骨进行祭祀和占卜，或对其进行驯养等。

（二）想象中的"象"

由于象在当时生活中占据重要地位但其数量稀少，并不是所有人都能见到象。虽然人们见不到象，但可以通过象骨想象"象"。《韩非子·解老》中就有对此的论述，人希见生象也，而得死象之骨，案其图以想其生也，故诸人之所以意想者皆谓之"象"也。通过"象"之骨在头脑中想到现实中的象，这是想象这个词的本义和语源。从象形字的"象"到想象中的"象"是认识上一个很大的跨越：从词对实物的指称关系进展到了通过词的想象来表达一个概念。这时"'象'这一概念已由大象这一动物的特指称谓转化为一种普遍运用的表示想象之物的概念，从动物

---

① 文焕然，等. 中国历史时期植物与动物变迁研究［M］. 重庆：重庆出版社，1995：185-211.

② 赵天一. 中国古典意象史论［D］. 重庆：西南大学，2012：8-10.

之'象'到'人之所以意想者',此乃'象'之概念内涵演变上的一个飞跃"。①

(三)《周易》中的观物取象

象在实际的用法中从一个象形的汉字逐渐成形为具有象形、象征意义的概念,它的内涵直到《周易》才得以真正完善。《周易》本是古代的占筮之书,全书分为《经》《传》两部分。《经》以乾、坎、艮、震、巽、离、坤、兑八卦两两相合,得六十四卦。每卦有六爻,由阴爻和阳爻组合而成。每一卦由卦名、卦画、卦辞、爻辞组成。解《易》之作被称为《易传》,共10篇。《系辞》上下两篇是《周易》的通论,阐论《周易》的底蕴与功用。《周易》被后世尊为群经之首,在思想及思维方面给后世以深远的影响。

可以说,象构成了《周易》的本质和灵魂。"《易》者,象也,象也者,像也。"《周易》中的象,首先是指的自然万物之象。在创制《周易》卦象时的"仰则观象于天,俯则观法于地",还有"天垂象,见吉凶""在天成象,在地成形,变化见矣";等等。《周易》中的象还指卦爻之象,如"八卦成列,象在其中矣""君子居则观象""圣人设卦观象"。自然之象和卦爻之象是什么关系呢?《周易·系辞上》说:"圣人有以见天下之赜,而拟诸其形容,象其物宜,是故谓之象。""天垂象,见吉凶,圣人象之。"

① 刁生虎. 从哲学到艺术——审美之"象"的渊源与流变 [J]. 南阳师范学院学报(社会科学版),2006(10):84.

天下之赜即天垂之象，也就是自然之象，这些自然之象再通过圣人创制成八卦。关于创制的过程，《周易·系辞下》也有说明："古者包牺氏之王天下也，仰则观象于天，俯则观法于地，观鸟兽之文与地之宜，近取诸身，远取诸物，于是始作八卦，以通神明之德，以类万物之情。"可见卦爻之象是圣人通过仰观俯察天地万物，然后近取远取的方式获得的。这样可以很明显地看到卦爻之象自创制之初就有明显的象征意味。这里说的就是观物取象。所谓观物取象，指的就不是根据某个语词想象与之相应的实物，而是从观察、观看外物的基础上取出其象的过程。这个过程更具有抽象性和概括性。

二、从立象到忘象

（一）《周易》的立象以尽意

关于象与言、意之间的关系，《周易·系辞上》有经典性论述："子曰：'书不尽言，言不尽意。然则圣人之意其不可见乎？'子曰：'圣人立象以尽意，设卦以尽情伪，系辞焉以尽其言，便而通之以尽利，鼓之舞之以尽神。'"①

这段话有两层意思：一是指出一个事实："书不尽言，言不尽意"，即语言文字不足以完全表达思想；二是提出"立象以尽意"，用立象的方式把思想全部表达出来。这段话已经包含了后

---

① 王弼注，唐颖达疏.周易正义（十三经注疏）[M].北京：北京大学出版社，2000：342-343.

世关于言、象、意关系讨论的雏形。其中有一点需要注意：在《周易》的作者看来，言不是不能达意，而是不能尽意。正因为不能尽意，所以需要用立象的方式来尽意。"尽"是全称判断，不能达到全部的意，但可以达到部分的意，甚至可以达到大部分的意，而不容易"尽"的那个部分，由"象"来帮忙完成，所以这里的"象"可以理解为辅助性的。这一点下文会有更详细的论述。

无论是自然之象，还是卦爻之象，都是通过象征、隐喻的方式来表明义理的。正因为不是通过直接的方式，而是通过象征和隐喻的方式来尽意，所以意的达成便可以通过不止一个象来实现。象对于意不具有唯一性，它们之间也并非单一的因果关联。

（二）《庄子》的得意忘言

庄子持得意忘言的观点："筌者所以在鱼，得鱼而忘筌；蹄者所以在兔，得兔而忘蹄；言者所以在意，得意而忘言。"（《庄子·外篇》）有一点需要提请注意：庄子在言意关系的论述中并没有涉及象。这并非因为庄子不知道《周易》中立象以尽意的论述，而是他别有用心。庄子有文学家的一面，但他更重要的是一位哲学家。他关于得意忘言的论述是为传达他的神秘经验而做的比喻性的说明。在他看来，筌和蹄是工具，鱼和兔是目的，作为工具的言是为作为目的的意服务的，不应执着于工具性的言而忘记了作为目的的意。在由言得意的过程中，庄子并不重视象在表达意中的作用。庄子关于言意关系的论述对文学艺术领域有极深远的影响，比如，皎然的"但见性情，不睹文字"、司空图的"不著一字，尽得风流"和严羽的"不落言筌"都分明可见庄子思想的影响。

由于文学艺术自身独有的特点，象在意的成形过程中有着重要作用，所以后世论者多是从象到意，而不是直接从言到意。在从由言到意到由言到象再到意的理论转变过程中的一个重要人物就是三国时期的王弼。

（三）王弼的得意忘象

在展开魏晋玄学关于《周易》中言意关系的讨论之前，先简单介绍一下汉代易学的研究情形。汉代易学研究流派众多，但基本都在"象数"之学这个大范围内。所谓象数之学，指的是在解读《周易》的时候，涉及天文、历法、占卜、伦理等内容，致使《周易》的研究变得极其庞杂，其所蕴含的义理也因支离烦琐的研究而被遮蔽。到了东汉末年，研究《周易》的义理一派开始兴起。从此关于《周易》的研究分为象数和义理两大派。魏晋时的王弼作《周易略例》一书之后，义理一派的研究才占上风。王弼的《周易略例》是关于《周易》主要思想的一组论文，他的主要学术贡献在于：否定汉代易学研究的象数之学，直接探究《周易》本身的思想，深入挖掘《周易》中潜藏的思想。义理派往往以老庄之学解《易》，以卦义来象征事物变化之理。

王弼在《周易略例·明象》篇中径直批评汉代的解易之学：

是故触类可为其象，合义可为其征。义苟在健，何必马乎？类苟在顺，何必牛乎？爻苟合顺，何必坤乃为牛？义苟在健，何必乾乃为马？而或者定马于乾，案文责卦，有马无乾，则伪说滋漫，难可纪矣。互体不足，遂及卦变；变又不足，推致五行。一失其原，巧愈弥甚。纵复或值，而义无所取，盖存象忘意之由也。忘象以求其意，义斯见矣。①

汉代的解易之学，如王弼所说"定马于乾，案文责卦，有马无乾"，重象不重意，存象不存意。这样的解易方法抓不住《周易》的精髓。针对这种解易方法的弊端，王弼阐释了自己的观点：

夫象者，出意者也。言者，明象者也。尽意莫若象，尽象莫若言。言生于象，故可寻言以观象；象生于意，故可寻象以观意。意以象尽，象以言著。故言者所以明象，得象而忘言；象者，所以存意，得意而忘象。犹蹄者所以在兔，得兔而忘蹄；荃者所以在鱼，得鱼而忘荃也。然则，言者，象之蹄也；象者，意之荃也。是故，存言者，非得象者也；存象者，非得意者也。象生于意而存象焉，则所存者乃非其象也；言生于象而存言焉，则所存者乃非其言也。然则，忘象

---

① 王弼. 王弼集校释（上、下册）[M]. 楼宇烈，校释. 北京：中华书局，1980：609.

者，乃得意者也；忘言者，乃得象者也。得意在忘象，得象在忘言，故立象以尽意，而象可忘也；重画以尽情，而画可忘也。①

下面就来看一下王弼具体是如何论述的。先看言象之间的关系："言者，明象者也。"言为什么能够明象，因为"言生于象，故可寻言以观象"。再看象意之间的关系："夫象者，出意者也。……象生于意，故可寻象以观意"。象由意生，意由象显。这样言象意之间关系就是：言生于象，象生于意。意以象尽，象以言著。

言对于象，象对于意，在王弼看来，如同蹄筌之于兔鱼，只具有工具的价值，根本的目的还是在于意。得"意"之后还要忘象、忘言，如果还存象、存言则不是真正的得"意"。这一点是王弼着意强调的，他认为在求意的过程中如果执着、拘泥于象、存象，就无法真正得"意"。如果执着于象所表示的东西，就难以体悟到象背后所显示的意。在《周易》的解读中不能拘于具体卦爻象源初所得之时的那个象，而要直寻卦爻中象所体现的那个意。换用一般的表述，就是不要执着于语词所显示的象，而且深切把握这个象背后的意。把握了意之后，象和言都是可以忘的。在王弼得意忘言的思想里，象本身并无独立的价值或作用。它附

① 王弼. 王弼集校释（上、下册）［M］. 楼宇烈，校释. 北京：中华书局，1980：609.

属于意和言，在言意关系中起的是桥梁或中介的作用。

王弼虽然持和庄子一样的得意忘言的立场，但他重视言象对于得"意"的作用。他认为只有通过象的中介才能达乎意，得意之后再忘象、忘言。

三、象作为达意的中介

不管是《周易》中的立象以尽意，还是以王弼为代表的得意忘象、得象忘言，象自身都不具有独立性，它作为言和意之间的一个中介环节而存在，经由它，言和意才能更紧密有效地关联起来。那么象在言和意之间所起的就是一个中介作用吗？在由言达意的过程中是不是必须经由它，这是个值得深入探讨的问题。下节尝试从语言现象学的视角切入象这个问题，把笼统概括的象分为几个部分，分别探析其与意之间的关联。

第二节　象的语言现象学切分

中国古代在象与言和意之间的关系上有非常丰富的资源，但由于象的内涵含糊且复杂，缺乏清晰的界定，常使与之相关的讨论陷入自说自话当中。这时，可以借鉴西方的理论资源，展开对"象"的分析。从语言学或语言现象学入手，可以把象具体分为三个不同层面：前语言阶段的象；作为音响形象的象；作为伴随物的象。所谓前语言阶段的象，是指我们在想或思考的时候，心里掠过或浮现的种种形象。作为音响形象的象，指的是语词声音的心理印迹，即见到语词后在心里浮现的图像或形象。作为伴随物的象，是指用语言表达或听别人用语言表达时，心里浮现的与语词相关的图像。

一、前语言阶段的象

前语言阶段的象往往是模糊的，这时它仍只停留于主体的意识中，只能被主体所感知。

"心里掠过的意象、形象、感觉并不是你的想法。你仍然要说，这个想法曾寄身在这些意象、形象、感觉之中，潜藏在这些形态之中，好吧，如果你的兴趣是追索这个想法未成形之前我的大脑里都出现了一些什么活动，那么……你是对'心理学问题'感兴趣。""心理学家可以考察一个想法寄身于哪些心理形态，但这个想法并不是这些形态。"[①] 陈嘉映在这里指出了两个非常重要的区分：想法和它寄身于其中的心理状态。想法之所以是一个想法，并不仅仅是在心里有，还需通过可见的形式让别人也知晓。在想法外化的过程中，语言是一个极重要的定形物。想法曾寄身于其中的心理状态，多具有心理学的意义，如果它不能通过定形的形式展现出来，则难以成为研究的对象。索绪尔在《普通语言学教程》中对这个问题有专门的论述："从心理方面看，思想离

---

① 陈嘉映.言意新辨［J］.云南大学学报（社会科学版），2013，12（6）：8.

开了词的表达，只是一团没有定形的、模糊不清的浑然之物。……没有符号的帮助，我们就没法清楚地、坚实地区分两个观念。思想本身好像一团星云，其中没有必然划定的界限。预先确定的观念是没有的。在语言出现之前，一切都是模糊不清的。"① 上面引用中翻译为思想的 thought，还可以翻译为想法。也就是在用语言定型你的想法之前，你的心中尽可以翻腾着无数的图形、图像，以及难以名状的感觉，但这一切都只是内在经验，不通过语言你无法向别人传达，别人也不可能理解你的想法。只有当这一切用语言固定下来，你的意思或想法才算成形。"表达是未成形的东西获得明确的形式。"② 一个人的想法或思考在绝大多数情况下是以语言为归宿，或者说语言通常会导引着心中之象的成形。这里的语言可以是狭义的字词语言，还可以广义地包括绘画语言、雕塑语言、建筑语言等。前语言阶段的象是未成形的意或意的未成形阶段。

前语言阶段的想法并不构成语言，因为它没有固定表达意思的词汇，没有词汇也就谈不上词语之间的逻辑。我们的语言能清楚分节，是因为它有固定的词汇，通过词汇的组合能表达几乎无穷多的意思。有一件看起来很奇妙的事情：一种语言常用的字词往往只有几千个，但这为数不多的几千个词对一般的表达来说足够了。

① 索绪尔. 普通语言学教程 [M]. 高名凯，译. 北京：商务印书馆，1980：157.
② 陈嘉映. 言意新辨 [J]. 云南大学学报（社会科学版），2013，12 (6)：4.

二、作为音响形象的象

作为音响形象的象来源于索绪尔的理论，索绪尔把语言符号看成"一种两面的心理实体"，连续的不是事物和名称，而是概念（所指）和音响形象（能指）的结合，并强调音响形象"是这声音的心理印迹，我们的感觉给我们证明的声音表象"。① 语言符号的概念（所指）可理解为要表达的意；语言符号的音响形象（能指）是这个符号的声音及在心里响起的图像。

同一个意在不同的语言中会通过不同的符号表示，这些不同的符号会有不同的音响形象。比如，"树"这个概念（意），中文用"树"、古人用"木"、英文用 tree、德文用 der Baum 来表示。这些不同的音响形象在不同的语言体系中都指的是树这个概念。这样来看，意与音响形象的结合就是任意的，这也是索绪尔在《普通语言学教程》中反复强调的语言符号的首要特征——任意性。

陈嘉映对语言符号的任意性原则有更深入的理解："任意性原则主要还不是说施指（能指）对所指是任意的，这一原则更深的内容是说：在施指之前和之外，并没有边界明确的所指。语言不是简单地为已经现成的事物或现成存在的概念命名，而是创造自己的所指。……我们并不是面对一个已经清楚分节的世界，用语词给这些现成的成分贴上标签，实际上，语言才把现实加以明

---

① 索绪尔. 普通语言学教程 [M]. 高名凯，译. 北京：商务印书馆，1980：101.

确区分。……任意性原则的深义是：概念是对浑然未分的连续的现实任意划分的结果。"①

　　意（所指）与音响形象（能指）之间的任意性关系，不同于《周易》中卦爻象的拟象或象征。"象征的特点是：它永远不是完全任意的；它不是空洞的；它在能指和所指之间有一点自然联系的根本。象征法律的天平就不能随便用什么东西，例如一辆车，来代替。"② 或者说卦爻象和它的所指之间还具有某种感性的相似联系。任意性说的是"它是不可论证的，即对现实中跟它没有任何联系的所指来说是任意的"③。

　　作为音响形象的象对于语言符号来说是不可或缺的，索绪尔就把思想（意）和声音（音响形象）看作构成了语言这张纸的两面："我们不能使声音离开思想，也不能使思想离开声音。"④

三、作为伴随物的象

　　作为伴随物的象大致指的是在听到或说出语词时在心中的象。让我们先看一看在说出语词时，心中到底发生了什么，有没有作为伴随物的象随之一同出现？举个简单的例子：比如，我向一个人说出"苹果"这个词，对方听到了什么？听到的就是"苹果"这个词。如果在说出"苹果"这个词的时候，心中想到的是

---

①　陈嘉映. 语言哲学［M］. 北京：北京大学出版社，2003：75.
②　索绪尔. 普通语言学教程［M］. 高名凯，译. 北京：商务印书馆，1980：104.
③　索绪尔. 普通语言学教程［M］. 高名凯，译. 北京：商务印书馆，1980：104.
④　索绪尔. 普通语言学教程［M］. 高名凯，译. 北京：商务印书馆，1980：158.

红红的外表、甜甜的味道，对方听到"苹果"这个词时想到的青青的外表、酸酸的味道，这影响对"苹果"这个词的理解吗？一方面，当然影响理解。我说"苹果"的时候意指的是红甜的苹果，而对方却把它意会成了青酸的苹果，我意指的和他理解的不是同一个苹果。另一方面，并不影响有效的理解。如果对方不清楚我用"苹果"这个词指的是什么，他可以继续向我发问，我告诉他我用"苹果"这个词指的是什么就可以了。

另一种情形，当我说出"苹果"这个词的时候，心中想的可能不是苹果，而是其他诸如桃子、李子之类的东西。如果是这样，那对双方的交流会有什么影响呢？答案仍和上一种情形类似。也就是心中的图像对语词的意义并不具有因果性的关联。上面提到对方可能不知道我用"苹果"意指的是什么，这时语词到底意指什么不是由主体的心灵状态决定的，好像是我随便想用这个词意指什么它就意指什么。还有这个意指的过程发生在内部，其他人只能借助公共的语言才可知晓我想说的是什么。如果理解有歧义，可以继续对话，直到最后达成一致的交流。实际上用语言意指的过程只有在一定的语言系统之内才能够实现和完成，或者这么说：只有掌握了一种语言的人才能够用语词意谓。双方是用语言进行交流，而不是用心灵通过图像进行交流。如果说有心与心的交流，那也只是比喻性的说法，而非指心与心之间就有一种语言可以实现交流。

第三节　意与象的关系再定位

上文谈到了前语言阶段的象、音响形象的象和语言伴随物的象与意的关系，那么意与这几个不同的象之间到底是什么关系呢？

一、意与前语言阶段的象

前语言阶段的象作为意的成形的前阶段，如果不借助于语言根本没有办法表达出来。语言可以说就是心中之意的成形。心中之意在这个意义上并没有任何神秘之处，也不像有些人认为的那样具有特殊的深意，而只是没有把心中想的用语言表达出来而已。或许有人说我心中的感受是无法用语言说清的，但是悖谬的是你在表达无法用语言表达的感受时仍然不得不借助语言。概括来说就是作为前语言阶段的象如果要表达意，或者说它表达了意，必须借助于语言。

二、意与作为音响形象的象

再看音响形象的象与意之间的关系。作为音响形象的象可能没有意义，简单点说就是可以有没意义的声音。这里又可细分为两类：一类是因为声音没有在语言系统中与其他声音有结构性的差异，故而没有被吸纳进语言。换用一般的说法，这个声音在语言中没有意义。这里的语言指的是作为整体的语言，而非某个具体语言，因为一种声音组合在某种语言中没有意义，不代表它在其他语言中也没有意义，或者说在其他语言中它可能是有意义的。另一类是与音响形象相对应的单个语词在语言中是有意义的，但若干个语词组合起来则是没有意义的，或意义难以理解。这类情形较为复杂，以乔姆斯基一个例子来说："无色的绿色主义狂热地睡眠"，按照一般的理解这句话是没有意义的，但并不妨碍某些人能从中解读出另外的深义。意和作为音响形象的象的另一面是：意义是不能没有音响形象的。这里主要聚焦的是语词，不涉及更广泛的艺术图像类的意义。某些语词的意义不被读出来或无法被读出来，也就是没有声音，但它并不构成对上面说法的否定。即使那些已经湮灭的语言现在无从辨识、阅读，但无法否认它当时作为一种活的语言还是有声音的（没有声音的意义是无法实现有意义的交流从而无法成其为语言的）。语言由声音到文字是另一个复杂的过程，由于与主题关联不大，暂不论及。可以这么来概括作为音响形象的象与意的关系：音响形象的象并不一定有意义，但意义的实现需要音响形象的象。

三、意与作为伴随物的象

上文中曾区分了想法和想法寄身于其中的心理形态，这个区分可以用想（think）和思想（thought）两个概念来表达。"想"

"更多指涉心智活动过程"，思想"更多指涉心智活动达至的成果，指涉一种完成的、成形的状态"。① 这种完成的、成形的形态，最主要的表现形态就是语言。前文的相关论述实际已经相当接近于得出一个重要的思想，对此维特根斯坦有非常精彩的表述："当我用语言思想，语言表达式之外并不再有'含义'向我浮现；而语言本身就是思想的载体"。②

维特根斯坦想表达的意思很清楚：语言表达式之外并不再有"含义"向我浮现；语言本身就是思想的载体。如果是这样的话，那在说出或听到语词之际心中伴随出现的象就与要表达的意义之间没有实质性的因果关联。那是不是意义（语言表达式）与作为伴随物的象没有一点关系呢？也不是的。作为伴随物的象，可以是与语词相关联的图像，可以是相应的外在表情、动作。如果没有用语词表达式实现的思想，而只重复作为伴随物的象，那仍无法把意有效地传达给对方。作为伴随物的象只对实现语词意义起到一定的辅助作用。作为主体，能把握的是对方通过语词表达出来的思想，而不是它的伴随物。不过话说回来，有时作为伴随物的象，特别是一些关联的外部行为，对理解意义还是有一定的指引作用。

词的意义在于它的用法。一个词可能有很多不同的用法，到底在某一情境下是什么意思，要看这个词是被怎么使用的。词可

---

① 陈嘉映. 言意新辨［J］. 云南大学学报（社会科学版），2013，12（6）：11.

② 维特根斯坦. 哲学研究［M］. 陈嘉映，译. 上海：上海人民出版社，2005：329.

能因语境的含糊不清而有歧义，但这并不是说它的意义是不确定的。不管心中浮现的是什么图像或形象，只要说出的是在一个语言系统中有意义的语词，那听到的人就能理解你想表达的是什么。象对于意的理解或达成有一定的促进作用，但并不具有决定作用。意的实现可以有象的参与，也可以没有象的参与。所以，虽然前语言阶段的象、作为音响形象的象和作为伴随物的象与意之间都有某种程度的关联，但皆无法建立起有效的因果关联。

小　结

古代汉语多是单音字，在表述的过程中一词多义、同一个概念有不同内涵的现象比较普遍。如果不注意这点，把古代汉语中的一个字，如"象"，理解为现代汉语中的一个概念，只在一个意义上使用，在具体问题的论述过程中就免不了会有概念混乱、层次不清的问题。

如果像上文那样对"象"的内涵从不同角度进行划分，就可以在不同的层次上展开论述，它与意之间的关系也会明晰很多。不管象和意之间有怎样复杂的关系，但有一点是可以肯定的：二者之间并没有因果联系。如果认为象是达意的充分条件，在多数情况下并不会对我们的生活造成影响。但如果在理论上持有这样的观点，则会造成混淆。

　　这一章主要是在基础的层面上探讨语言中的意和象之间的关系，但文学语言又有不同于一般语言之处，表现在意象这个概念上就是：意象的形成离不开联想和想象的参与。正是因为有了想象的参与，客观物象才能经由语象最后成其为意象。

　　这里可以顺便说到中国古代文论中"象外之象"的命题。多数学者是从实象和虚象角度来解释象外之象的：前一个象是实象，后一个象是虚象。欣赏者在实象的基础上，调动主观情思，发挥主观想象，在实象的基础上生成虚象。如果按上文的思路来理解，这个象外之象并没有什么神秘或玄奥之处，它就是由语词激起并进而引发的想象。澄清了语言中的意和象之间的关系，让我们重新回到意象与语词关系的探讨。

第四章

意象与语词关系新探

意象是由语词外化和表现出来的，但能不能反过来说语词，特别是具象性的语词就是意象呢？这个问题此前的研究中偶有涉及，但总体论述不深。主流观点是意象附着于语词或语词是意象的载体。这种看法当然不错，不过失之于笼统或者说无甚新意。这一章将先考察一下学界在意象与语词关系上的主流观点，然后对此做出评述。同时从信号、语词、句子的角度来研究一下语言，并尝试在此一视角下对意象与语词之间的关系做出新的论断。

第一节　学界的主流观点

一、意象附着于语词

意象附着于语词，语词就是意象。这种观点认为语言中的语词（有时不止一个）直接与意象对应。持这种观点的人以袁行霈为代表。他认为："意象多半附着在词或词组上。一句诗可以有两个或两个以上的意象，……也有一句诗只包含一个意象的，……一个意象不止有一个相应的词语。……语言是意象的物质外壳。……辞藻和意象，一表一里，共同担负着交流思想感情的任务。"① 袁的观点可以陆游《临安春雨初霁》中的名句"小楼一夜听春雨，深巷明朝卖杏花"加以说明。按照袁行霈的理解，这两句诗包含四个意象：小楼、深巷、春雨、杏花。

二、语词是意象的载体

陈植锷在《诗歌意象论——微观诗史初探》的第三章"意象与符号"中开门见山就提出了一个很尖锐的问题："诗歌艺术中的意象是否就等于诗歌作品中的语词了呢？换句话说，同一个表象性的词汇，在日常文字中出现，只是一个普通的概念，到了诗歌里面为什么就能成为意象呢？"② 这个问题同时也是上文袁行霈的解说没有深入的地方。

陈植锷援引郑板桥在《题画·竹》的经验谈中关于"眼中之竹""胸中之竹""手中之竹"的说法，对意象与语词的关系进行了新的论说。他认为竹的这三种形态刚好可以对应客观外界的形象、融合作者主观创作意图的意象（指的是"意中之象"）和意

① 袁行霈. 中国古典诗歌的意象［J］. 文学遗产，1983（4）：12.
② 陈植锷. 诗歌意象论——微观诗史初探［M］. 北京：中国社会科学出版社，1990：41.

象物化成为艺术符号的过程。他以艺术语言的"竹"与日常语言的"竹"作为对比参照，总结了语词作为日常语言和艺术符号时的两个区别：（1）高度的概括性，或者说揭示同类事物所具有的共性。艺术符号侧重表现的是事物的特殊性即个性。日常语言基本的功能是普遍性的指称。（2）有无"形象"出现。语词作为概念的载体时，是抽象的符号，没有形象。语词作为意象的载体时，是具象的符号，有形象。①

在语词与意象的关系上，陈植锷的观点是："在日常用语（比如，著述性书面文字）中充当概念载体的表象性词汇，在诗歌中作为艺术符号出现的时候，则是意象的载体。"② 简单地说就是语词在诗歌中作为艺术符号出现时是意象的载体。语词作为一种符号，在日常用语中和诗歌用语中有所不同，如他所说一个是概念的载体，一个是意象的载体。这样的分析及界定是对的，但仅止于描述了一种语言现象，对于为什么会这样，或哪些更深层的因素导致了这种语言现象的出现并没有给予更进一步的解释。这就关联到下面要做的地方：尝试给出语言之所以有日常用语概念载体和诗歌用语意象载体的更进一步的解释。

---

① 陈植锷. 诗歌意象论——微观诗史初探［M］. 北京：中国社会科学出版社，1990：42-49.
② 陈植锷. 诗歌意象论——微观诗史初探［M］. 北京：中国社会科学出版社，1990：64.

第二节　对主流观点的质疑

一、蒋寅对袁行霈的质疑

蒋寅认为袁行霈的观点混淆了意象与物象和事象的区别，造成的结果就是把意象与单个物象相对的语词对应起来，进而认为语词就是意象。那为什么会造成这样的混淆呢？按蒋寅的看法，用意象概念去指称物象是混淆了物象和意象概念，物象用语词来指称，物象要成为意象，还得经过审美经验和人格情趣两方面加工。① 蒋寅认为，用语词表达的物象进入一种陈述状态，才能成为作者情感的观照对象，也才能成为意象。"意象的本质可以说是被诗意观照的事物，也就是诗歌语境中处于被陈述状态的事物；名物因进入诗的语境，被描述而赋予诗性意义，同时其感觉表象也被具体化。"②

二、王尚文对陈植锷的反驳

王尚文有一篇《语词与意象》的论文专门讨论二者的关系。在论文的开始，王尚文就引了陈植锷《诗歌意象论——微观诗史

---

① 蒋寅. 语象·物象·意象·意境［J］. 文学评论，2002（3）：70.
② 蒋寅. 语象·物象·意象·意境［J］. 文学评论，2002（3）：72.

初探》一书关于语词作为符号的两种既相联又区别的功能的论述，接着他引了陈植锷"所谓意象，表现在诗歌中即是一个语词"的观点。查看论文后边的注释，说是引自陈著的41页，仔细核对了此书41页的内容，却没有发现这句话。只有与此相似的表述，"语词作为符号……是某种意象的载体。艺术语言——诗歌中的语词，则是意象的符号"。

在陈植锷那里，语词作为符号有两种功能——日常语言中概念的载体和艺术语言中意象的载体。王尚文认为，语言符号和艺术符号"有着质的区别，两者之间有着一条颇难逾越的鸿沟"①。作为抽象、概括的语言无法充分表达人类的感情状态，于是"人们创造出了非推理性的直接诉诸人的知觉的符号。诗歌意象就是这样一种艺术符号，……它是由语言符号创造出来的，是对语言符号推理性的超越"②。最后他的结论是："语词作为语言符号绝不可能同时是艺术符号，语词并不就是意象。"③

下面结合着具体例子来看一下陈王两人对意象与语词关系的分析。

陈植锷举的是"竹"的例子。陈认为《新华字典》中对作为普通语词"竹"的解释适用于在这世上一切地方生长的竹子。这些竹子有"多节""空心""质地坚硬"等特征。作为普通语词的竹，揭示的是同类事物所具有的共性，或者说竹是对世上所有

---

① 王尚文.语词与意象［J］.浙江师范大学学报，1993（1）：97.
② 王尚文.语词与意象［J］.浙江师范大学学报，1993（1）：98.
③ 王尚文.语词与意象［J］.浙江师范大学学报，1993（1）：98.

具有相同特征的某一类植物的概括。

作为艺术符号的竹"侧重表现的是事物的特殊性即个性"，①出现在诗歌或画作中的竹已经成了创作者个人品格的自我象征，或者说由于融入了作者的主观情意而成为竹的意象。

王尚文对陈植锷作为概念载体的语词如何成为艺术符号表达作者个性提出质疑："语词作为某种概念的载体，即便是所谓'表象性词汇'，充其量也只能唤醒与之相关的表象（可以称之为'物象'），而难于传导主观的情意。"② 王尚文的问题换一种表述是这样：作为概念载体的语词怎么一来就表达了作者的情意，或者说作者的主观情意是如何投射或灌注到作为概念载体的语词上的？

具体到语词和意象的关系，王尚文认为，《新华字典》中的竹与郑板桥诗中的竹是同一个词，"并非《新华字典》中的'竹'是指一种'常绿多年生植物'，而到了郑板桥笔下却摇身一变而成了诗歌意象"。王尚文的观点是："郑板桥不可能巧夺天工给竹这一客观存在之物注入任何人的思想感情，也不可能割舍'竹'这一个词所表示的意义而换上个人的'自我解释'。"那郑板桥是如何把自己的情意与客观事物中的竹关联到一起的呢？王尚文认为关键点在这里："郑板桥恰恰是利用了'竹'这一词所表示的意义，并在这一基础上实行超越，创造出了一个有关竹的意

---

① 陈植锷. 诗歌意象论——微观诗史初探［M］. 北京：中国社会科学出版社，1990：43.

② 王尚文. 语词与意象［J］. 浙江师范大学学报，1993（1）：98.

象——竹在风中自然有声这是竹的固有属性,将竹的其他一些属性予以删除、简化,把它和'民间疾苦声'联系起来,创造出了'一枝一叶总关情'这样一个意象。"①

在王尚文的论述中有很重要的一点:《新华字典》中是对竹这个词的解释,郑板桥的诗中与"民间疾苦声"关联在一起的不是竹,而是竹声,因为二者可以依据作者把握到的相似之处关联到一起。在王尚文看来,这时创造的不是竹的意象,而是与竹相关的"一枝一叶总关情"的意象。

王尚文认为,在诗歌中"只是'竹'这个语言符号作为材料参与了诗歌意象的创造,对应于诗人心中的情意——对民间疾苦的关切之情"。王尚文在论文中没提到袁行霈的观点,但他的一些论述可以看作是对袁行霈观点的间接回应:"'花'如果真的就是一个意象,试问,它表现了怎样的'意'? 如果语词真的就是意象,意象就无须诗人创造。"② 王尚文的这个论断是很有分量的。他不认为诗歌中的语词直接就是意象,就像袁行霈认为在诗句"小楼一夜听春雨,深巷明朝卖杏花"中包含四个意象:小楼、深巷、春雨、杏花。在王尚文看来,这四个词只是对客观物象的指称,不是景语,更不是意象。那什么才是他认为的景语和意象呢? "'长江'这一个词并非'景语','不尽长江滚滚来'才是'景语',因而也是'情语'。同时是'情语'的'景语'

———————————

① 王尚文. 语词与意象〔J〕. 浙江师范大学学报, 1993 (1):98.
② 王尚文. 语词与意象〔J〕. 浙江师范大学学报, 1993 (1):98.

才是一个意象。不能把诗歌意象仅仅看成为客观之象的摹写，更不能把词对客观之象的指称混同于诗歌意象对客观之象的艺术改造。"①

三、现有几种观点论说

上文介绍了袁行霈、陈植锷、蒋寅和王尚文四人在意象与语词问题上的看法，通过两组观点之间的辩难，可以看到袁行霈和陈植锷的观点虽说仍占据主流地位，但受到了越来越多的质疑和挑战。

与之相比，蒋寅和王尚文的观点则多有可取之处。他们认识到单个的语词无法和作为概念的意象匹配，语词只有放在陈述关系中，或者作为材料参与到诗歌意象的创造，最后才能生成意象。沿着这个思路可以继续深入追问和思考：语词有哪方面的特质使其放在陈述关系中就表达了某种意象而不是某种概念，或者说作为材料能参与诗歌意象的创造。

把对应物象的语词指认为意象，忽略了一个非常重要的问题：语词只有在一定的情境下才有所说。这么说并不是否定语词脱离了情境就没有意义，因为如果语词本身没有意义，它就无法作为语言中的有效成分参与到对世界和事物的言说。说语词只有在一定的情境下，或说得更具体点，只有由语词组成的句子才能对世界有所言说是想强调：在单个语词，主要是具象语词的层面

---

① 王尚文. 语词与意象［J］. 浙江师范大学学报，1993（1）：98.

上，语词和事物之间可以有对应的指称关系。但在言说的层面上，不是语词而是句子和世界对应。蒋寅认为，语词只有放在陈述关系中才能形成意象与王尚文认为的语词是构成意象的材料触及了意象与语词关系问题的要点。

说语词就是意象或语词承载了意象，还有意无意忽略了一个重要的问题：语言中不只有可以与事物对应的名词，还有动词、形容词、副词、连词、感叹词、虚词等。如果说认为名词，特别是具象名词有现实的对应物，可以承载作者的情意从而成为意象还可以理解的话，那说除名词之外的其他词类也是意象的载体则是一种对语言形而上学的看法。维特根斯坦在《哲学研究》中深入地批判过这种环绕在语言上的迷雾："人们把对语词用法的描述弄得相似了，但语词的用法本身却没有因此变得相似，因为，如我们已经看到的，这些用法绝不是一样的。"① 如果用语词是描述或言说世界的工具这个说法，那么"语词功能也各不相同"②。因此"当我们说'语言中的每一个词都标示着某种东西'，这时候还什么都没说出。除非我们确切地说明了我们要做的是何种区分"③。

综上，不管是意象附着于语词，还是语词是意象的载体，在理论上都有难以圆融的偏颇之处。那么，对这个问题还可以有新的思考角度吗？下面将从信号、句子、词的角度展开对语言的分

① 维特根斯坦．哲学研究 [M]．陈嘉映，译．上海：上海人民出版社，2005：10.
② 维特根斯坦．哲学研究 [M]．陈嘉映，译．上海：上海人民出版社，2005：8.
③ 维特根斯坦．哲学研究 [M]．陈嘉映，译．上海：上海人民出版社，2005：9.

析，然后在此基础上重新探讨意象与语词的关系。

第三节　语言成象

一、信号与语言

信号和语言都具有交流的特点，且能通过交流获取对方想要传达的讯息。比如，动物在遇到危险时发出报警的声音，其他动物听到了，就会采取相应的逃避行动。在人类社会中，喊"狼来了"也大体具有相同的效果。在十字路口，红灯作为一个信号，意思是请勿通行；绿灯是可以通行。一条路的尽头竖着一块牌子，上写"此路不通"，也是一个信号。这几种信号都能达到想要的效果，它们之间在交流方式上有何不同呢？

首要一点，信号和语言都能表达一个"完整"的意思。不同的地方在于：（1）信号所表达的意义是不可切分的，或至少无法做到像语言那样可以分成独立的具有意义的部分。（2）语言所表达的意义可以切分，可以切分出具有独立意义的部分，而且各个部分之间还可以进行重新排列组合表达新的意思。

动物在遇到危险时会发出特定的尖叫，这个叫声可能代表了某种意义，比如，提醒同伴或注意安全，但无法对叫声再进行分割，它与要表达的意思之间具有直接的对应关系。这里有一个容易被忽略的问题，动物自己不会"说话"，它的声音表达了什么意思，是经过了人类语言的"翻译"。在这里，"翻译"不具有唯一性。比如，猴子遇到金雕偷袭发出独特的叫声，就可以"翻译"为：（1）危险来了；（2）危险的动物来了；（3）快点躲起来；（4）大家快跑；（5）不要待在原地；（6）"我"很害怕或恐惧等。至于哪个意思才是动物要的和想表达的，作为动物之外的人类是无法确知的。大体来说，动物是用直接信号的形式对生活情境做出反应。

人类的语言则与此不同。上面提到了语言的可切分性，这是语言的一个非常重要的特点。正因为它可以切分成具有独立意义的部分，各个部分之间又可以重新组合，所以语言可以借助为数不多的部分生成无穷多的意思。比如，上面猴子的叫声用语言就可以表达为：（1）金雕来了；（2）危险的动物来了；（3）大家赶快跑。当然，这三个意思之间具有内在的关联，比如，可以说（2）和（3）都内蕴在（1）里面，或者（1）意味着（2）和（3）。

语言是不是人独有的，可以教会动物"说话"吗？在人类世界中，某些鹦鹉和黑猩猩确实能"说出"一些语词，某些经过训练的小动物（狗、猫）和大动物（狮子、老虎和大象）能按照人的指示做出特定的动作。这种种行为是不是可以证明某些动物能"说"和"听懂"人类的话呢？如果不做深入辨析，答案可能是肯定的；但如果深入下去，会发现事情并不简单。动物只是在表面具有了与人相类似的动作，但它并不真正"理解"话的意思；它只是在经过长期的条件反射式的训练之后机械地记住了某些特定的声音和动作，从而可以照它行动，而非真正明白那些声音和动作的意义。原因也不复杂，动物所理解或掌握的只是为数极少的"语言"，而且它无法产生出新的表达，也就是不能在合适的情境下说出新的意思。这和能自由地运用语词，表达繁复多样的意思根本不是一回事。

以上是从道理上来讲的，还有动物不能说话或人能说话也和独特的发声结构有关。有科学研究表明，人之所以能说话，是因为能很好地控制与发声有关的各部分膈膜和肌肉，关键是神经系统对气流的控制。如果这个算是人类能说话的生理原因，那也仅仅是一个重要的必要条件，而非关键的社会层面的原因。因为它无法解释那些生理结构正常、因种种原因与正常的社会隔绝、而没有习得语言能力的人。

二、意义与意思

在进入词和句子的讨论前，先来谈一下何谓独立地具有意义？一般的理解是：词可以离开句子，独立地具有意义。这样的理解说不上错，那接下来的问题：如果词已具有独立的意义，那由词组成的句子的意义又是如何由各自独立的词的意义组成的，便成为一个难以回答的理论难题。这里引出陈嘉映对这个问题的思考，可以帮助我们拨开迷雾："词独立具有意义，说的是词是自由的造句单位，不必须黏附在一个特定的表达式里。①""我们说词独立地具有意义，是说一个句子可以分解成一些单词，它们现在在这个句子里起作用，但同样也可以在那个句子里起作用。我们并不是说人类先造出了一些单词，然后用它们来造出句子。"②

句子是由词组成的，由这很容易引申到句义是由词义组成的，实际上词和句子不是同一个层级的概念，如果硬把它们拉在一起，则会引起不必要的误会，比如，词和句子到底何者为先的问题。陈嘉映对这个问题也有深入的思考："词是句子的基本单位，是从结构上着眼的。"③ 从词和句子的意义区别来讲："词的意义在于它能作为一个成分构成句子，而句子的意义在于它能编织在生活场景之中。""一个词的意义在于它作为整体交通设施中的一个特殊设施方便交通，而句子的意思就是一次次的交通本身。"④

名词、动词、形容词等实词，一般来说有比较明确的意思。介词、连词、助词等虚词，在句中起中介或连接作用，一般无实际的意思。单个的词虽说有一定的意思，但对于用语言来达成人

---

① 陈嘉映．信号、句子、词［M］．//陈嘉映．思远道．福州：福建教育出版社，2000：41-42.

② 陈嘉映．信号、句子、词［M］．//陈嘉映．思远道．福州：福建教育出版社，2000：41-42.

③ 陈嘉映．信号、句子、词［M］．//陈嘉映．思远道．福州：福建教育出版社，2000：45.

④ 陈嘉映．信号、句子、词［M］．//陈嘉映．思远道．福州：福建教育出版社，2000：47.

与人之间的交流来说，显然是不够的。对于交际的目的来说，由词组成的短语，其作用与词相差不大，而只有句子，才能表达比较完整的意思。

那词和句子到底哪个更基本呢？词是比句子更小的构成单位，词可以具有独立的意思，可以在不同的语境中反复出现，但并不具有基本单位的属性。句子是由词组成的，能表达完整的意思，但也并不具有基本单位的属性。那问题出在什么地方呢？第一，意义是完整的，还是可以分解的？如果意义是完整的，那就没有意义的基本单位这个说法。如果意义是可以分解的，是不是就意味着可以把大的意义分解成小的意义，那小的意义又是如何组合成大的意义？这好像是一个无法回答的理论难题。不过，在日常用法中，我们也会偶尔说到把意义分解一下。那么，又是哪个环节出了问题呢？在此有一个非常细微但又异常重要的区分："这里讲的分解，不是针对意义，而只能针对具有意义的声音或拼写，说的其实是'能承载意义的最小声音单位'之类"。① 而后一个"意义"，实则是我们通常所说的"意思"。所以，"句子和词，哪个是意义的基本单位"的追问具有极大的迷惑性，易把我们的思路引向错误的思考方向。换个说法，这样的提问方式就是有问题的，因为它在理论上预设了意义是可以分解的。实际情况是，意义是无法分解的，而意思可以，由独立具有意思的词组成

---

① 陈嘉映. 信号、句子、词［M］.//陈嘉映. 思远道. 福州：福建教育出版社，2000：44.

的句子的意思当然可以拆分成更小的词的意思。如果混淆了意义和意思在此的微妙不同，那将会错失在这个问题上的关键点。

三、对应与分析

通过信号交流，事件模糊地得到指示。及至发展到囫囵语和成型的语言，词分化为具有独立意义的部分，事件也就被分解为互相关联的整体而得到理解。这里有一个很深的误解：词和现实具有对应关系。人们经常想到的例子是：名词和事物之间具有对应关系。一方面，在语言中，确实有某些词，比如，名词和实物之间有某种对应关系；另一方面，语言中还有大量的词，比如，上面提到的虚词，在实物中并没有对应关系。或者说，语言中词和实物对应只局限于极小的范围。

语词和现实的关系是维特根斯坦的《哲学研究》中重点讨论的一个问题。他通过批判以奥古斯丁为代表的语言观来展开分析。奥古斯丁的语言观简单说来就是："语言中的语词是对象的名称——句子是这样一些名称的联系。"① 详尽地展开维氏对奥古斯丁语言观的批评不是本节的主要工作，我们只需举出几个简单的例子来反驳一下就可以了：（1）抽象的名词，比如，美、德性、善、知识，和现实中的什么事物对应？（2）表内心活动的动词和什么相对应，通过指物定义的方式能否学会？（3）介词、助词、连词和什么事物相对应？总之，语言和现实的对应，能在一

---

① 维特根斯坦. 哲学研究［M］. 陈嘉映，译. 上海：上海人民出版社，2005：1.

小部分语言现象中得到证实，但忽略了语言中词类的多样性，说二者之间具有对应关系是不准确的，语言的本质不是现实的对应物。

上文提到语言的分析性，那这个分析性应如何理解呢？"语言本质上是分析的，特定的整体的情境被分析成了由元素结合而成的整体，事件被分析成了物体、形状、举止行为、关系等等。……事境被分解为物与物、物与属性的、物与动作的关系。"① 如果没有语言对世界的切分，情境就是混沌的整体。有了语言之后，整体情境就被分解了。语言中的各个子项，是功能各异而又相互配套的装置，借此可以把无数的事件看成由有限的元素组合而成的，通过语词的搭配来述说这个世界。借此，世界不再是混沌的整体，混沌的世界被语言的光照亮：世界展现为语言要素之间的各种关联，世界是以语言的形式被把握的。由于语言中的各要素具有相对独立的意义，所以语言的分解—组合机制就构筑了世界的逻辑空间。换句话说，世界的存在是展现在语言中的存在，世界的逻辑是展现在语言中的逻辑。在这个意义上，可以明白海德格尔的名言：语言是存在的寓所。"不是人说话，而是话让人说"，也变得不再费解。

总之，语言和世界不是对应关系，语言具有分析性，语言的各个要素之间的组合与分解构造了世界的逻辑空间和思想空间。

---

① 陈嘉映. 语言哲学 [M]. 北京：北京大学出版社，2003：398.

四、语言反映现实

语言反映现实，现实是如何被反映的呢？"反映又似乎可以分成两个层面，一是语词的层面上反映，一是语句的层面反映。"① 在这里易犯的错误是把语词层面上的反映理解为马这个名称反映了现实中的马这个类。如果这样理解语言对现实的反映，在局部尚可自圆其说，但在总体上则会遇到难题。比如，现实中不存在的事物如何在语言中得到反映，语言中的语词在现实中没有对应物这点如何解释。那么到底该如何理解语词对世界的反映呢，语词反映和语句反映又有什么区别呢？下面我们看陈嘉映对这个问题的思考："语词把现实分离成一些因素以便现实能够以某些因素相结合的方式得到反映，也就是说，使现实能以语句的方式得到反映。"②

在语言对世界的反映中，世界在语言的层面上得以成形，这种成形或成象的过程有其特殊性，一个表现就是现实中并不实际存在的东西仍可在语言上得以反映并被我们理解。比如，现实中并没有一种动物与通常称之为龙或凤的相对应，但把它放在汉语的语言系统中仍可获得理解。从这个意义上讲，语词的意义是可以部分脱离现实并在由语言构成的系统中获得定义的。"并非现实的事物不是对现实的单纯否定，而是一种可能的构造。现实世

---

① 陈嘉映. 语言哲学［M］. 北京：北京大学出版社，2003：398.
② 陈嘉映. 语言哲学［M］. 北京：北京大学出版社，2003：398.

界本身就是作为这样一种可能构造现象的。"① 非现实的事物或现实中不存在的事物并不都是不可能的事物，更不是不能谈论，实际情形是我们可以有意义地谈论非现实的事物。

一个有意义的字符，我们才管它叫作一个词。所谓有意义，一方面是指它有某种相对固定的意思，但更重要的一个方面是说它作为语言中的一个元素，在语法许可的范围内它可以任意地和其他词素搭配组合，借以表达世界中形形色色的事实和事件。弄清了语词的这个秘密，就可以明白为什么一种语言中只需有几千乃至上万个词几乎可以表达无穷多的意思。

句子是由词组成的，上面已谈到是句子而不是语词反映世界、言说世界。这个论述可以再深一步："句子之完整地传达或报导一个事态，是经过了把事态分解又综合的方式完成的。在句子中，现实才在恰当的意义上得到'反映'。"② "在语言这种成象方式中，现实不再是一道浊流，而是一个由各种因素构成的世界。每一事件都展现为某些元素之间的联系。按照元素的应有之义，一个元素可以和这些元素结合，也可以和另一些元素结合，它们事实上如此联系着，但那只是各式各样可能联系中的一种。我们的现实世界只是种种可能世界之中的一个。语言分解——结合的机制，构筑起了'逻辑空间'，世界是在这个逻辑空间中显

---

① 陈嘉映. 语言哲学 ［M］. 北京：北京大学出版社，2003：399.
② 陈嘉映. 语言哲学 ［M］. 北京：北京大学出版社，2003：399.

现的现实，我们人类从可能性来理解现实性。"①

五、世界成象与语言表达

事物并不等于语言，也无法化归于语言现象，不同语言乃至同一语言对同一事物的不同言说是其不断生发着的意义的一部分。在源初或本源的意义上，语言和世界（事物）一道成形，两者之间没有先后之别。在这里有一点需要澄清：说语言和世界（事物）一道成形的意思并不是说在语言产生之前世界或事物并不存在，而是说语言产生之后世界才以如此方式得以成形，可以被理解、可以被言说。

在一定意义上，我们并不是直接和世界打交道，而是通过语言、通过语言对世界的成象来理解这个世界。在一个更深的层次上，世界或事物的意义也是由语言所赋予或构造的。这话反过来说也成立：如果没有语言，那世界或事物便不会有意义。把这个结论再向前推一步：世界或事物的意义是在语言的自我增值中实现的。

世界并不是先行存在在那儿的，等着语言去反映。根据上文的论述，语言反映的那个世界并不是事先已经存在，而是和反映它的语言一道成形的。也就是在世界和语言之间没有一个时间上的先后，在逻辑上它们是同时产生的。有一个很重要的基本事实

---

① 陈嘉映. 语言哲学 ［M］. 北京：北京大学出版社，2003：399.

常常容易被人忽略：要想言说世界和自己，首先需要掌握一门语言。想要读懂世界，也要借助语言，特别是想搞懂国外的世界到底是什么样子，更需借助语言。

语言是对世界的成象，世界对我们而言是在这个意义上得到理解的，或者说人是在语言成象的层面上理解世界的。如果把成象理解为非形式的东西获得其形式，那语言是成象的形式之一，而且是最基本和基础的成象方式，其他的诸如艺术的成象方式都与语言成象有很深的内在勾连。

在语言层面上对世界成象与通过眼睛看到的世界形象二者有重要区别，不能混同。一般来说，人是先用眼睛观看这个世界，习得语言，而后有语言的成象与成形。当然也有例外的情况，比如，盲人虽然看不到这个世界，但如果没有其他缺陷，仍然可以学会说话。可以用眼睛看到世界中的事物，但不表达出来，而只是在内心翻涌起无名的感受。这时，没有表达，也难以谈及理解。反过来，如果想表达、想被理解，就需借助某种可公共理解的形式言说出来。这其中，最重要的首推语言。语言是一种表达，是一种拥有清晰形式的公共表达。如果要表达思想，就需要用语言；如果不用语言，则思想无法成形，无法获得可被理解的表达。这里要区分字词语言的成形与艺术语言（包括绘画、雕塑、建筑、音乐等）的成形。在一个意义上可以说，艺术作品不但有所表达，而且表达了非常复杂、深刻的思想。但这个说法不能强调得太过，特别是需要注意到一点，那就是艺术作品的表达是坐落在语言特别是字词语言的世界中的。可以只是静静地欣赏艺术，什么也不说，但如果要对艺术作品有所阐释或者言说它的意义，语言是必不可少的。

回到前面的讨论，作为一个视力正常的人，可以通过眼睛观看这个世界，世界在眼中呈现出复杂多变的形象。即使你不用眼睛去看、不用器官去感知，它仍实实在在地在那儿，在这个意义上它的存在不以人的意志为转移。但是如索绪尔在《普通语言学教程》中说到的，如果不是用语言、用概念对此前模糊、混沌的世界进行明确、清晰的切分，那世界就不是以现在这般样子向你呈现。现在我们无时不在语言的包裹之中，很难想象没有语言的世界会是一个什么样子。

谈到世界和表达的关系，还可以再多说几句。我们整体上并不把世界理解为一个表达的世界，或者说世界本身并不表达。比如，自然界的山川草木、鸟兽虫鱼等，你很难说它们本身表达了什么，它们只是自在地存在，是人觉得它们有所表达，并用语言把它"表达"出来。从源和意义上说还是人在表达，只不过是通过外界事物来"间接"地表达。说"间接"地表达其实并不准确，因为并没有在这个意义上与"间接"表达相对应的直接表达。也就是我们把自己的主观感受投射成灌注到客观事物上的表达方式就是直接的表达，舍此并无其他的途径。

客观事物，一方面是它本身的存在（是），一方面它在说（表达）着什么。事物的"说"，并不是它自身开口说话——它自身也无法开口说话，是一种特殊的存在者——人——打开了存在的遮蔽，让它们有所说。这说的内容，一方面看，是人让它说的，所以说的内容是被人规定的；另一方面，人让事物开口"说话"，是打开事物自身的遮蔽、敞开它自身的存在，所以事物"说"了什么、"说"了多少是它本身的内在规定。

从是人让事物自身有所说，可以带来一个对诗歌意象新的理解角度。一类好的诗歌应该是这样的：不是作者直抒胸臆、把心中之意一览无余地表达出来，而是让事物或场景开口说话，自己退居其后，把想表达的通过事物或场景自然呈现出来。

第四节　语词与意象关系新论

一、语词的意义与意思

上一节从信号、语词、句子的角度对语言与世界（事物）的关系进行了探讨，重点阐说世界是在语句的层面上得到反映，语言是对世界的成象，我们是通过语言达成对世界的理解。有了这样一个语言观之后，再来看一看语词与意象这个问题。

意象是通过语词表现出来的。在这个意义上，不管是说意象附着于语词，还是说语词是意象的载体，都有其合理之处。但如果把意象与语词的关系仅思考到这一步，还远不能说结束。或者说如果认为两者之间就是这样的关系，则有意无意地回避了在此问题上繁难的思考。本书将沿着这样的路径继续思考：成为意象的语词与其他语词相比有哪些特异之处，或者说普通的语词怎么一来就成了意象。

　　首先想到的一个解释可能是维特根斯坦的语词的意义在于用法的理论，这种理论在语言学上被称为语用论。所谓语用论，顾名思义就是语词的意义在于其用法。这个理论具有很强的阐释力，几乎所有的语言现象都可以被纳入其中。但是这种说法也不是没有问题，最突出的一个问题就是它因涵盖面太广而缺乏具体的分析技术，也就是在具体的情境中还要结合其他方面的知识来分析复杂的语言现象。沿着这个进路，我们的思路就会从语用学延伸到语义学。在日常交际中能正常发挥作用的语词都是有意的。这个在上文的语词与意义节已有专门讨论。语词本身是有意义的，但它的意义是不固定的，在进行具体分析的过程中它以各不相同的意思现身。关于意义与意思这层关系，刘畅有比较深入的认识和总结："说一个或一组符号有意义，也就是说它具备了被应用于某类语言游戏的可能性。但当我们试图具体分析这个表达式的意义时，意义消散掉了，我们看到的是它在这样那样的上下文中所是的这个意思那个意思。意义'经不起'具体分析。或者我们可以说：并没有真正的'意义分析'，有的只是'意思分析'。……意义与意思的讨论出现在不同的层面上。意义着落在一个词上、一个句子上，意思则着落在此时彼时的所说中。"①

　　沿着这个思路，我们还会从抽象的语用学意义沉降到具体的语用学意思。追问意象和语词的关系，便等同于追问表示意象的语词与一般语词有何区别？经过这样一番问题的转换，意象与语词关系的讨论便明朗和显豁多了。在前面象和意关系的探讨中已初步达成这样一个结论：对于日常语言交流来说，象对于意的实现或达成并非是必要的，它对意的实现具有辅助或引导作用。这是就一般的情形而言的，那在日常语言之外的其他地方，比如，文学语言中，它起作用的方式会不会有所不同呢？回答是肯定的。下面我们重拾意象与语词的关系问题，结合上文对语言的分析，尝试推进对这个问题的思考。不过在展开具体的论述之前，还有必要简单介绍一下语义学中关于语词的概念义及联想义、情感义之间的关系。

二、语词的概念义及其他

　　之所以有必要讨论一下语词和概念之间的关系，是因为理清了语词和概念的关系有助于进一步澄清语词和意象的关系。

　　概念反映的是事物的本质属性或事物之间的深层关联。所谓本质属性即一事物成为该事物并区别于其他事物的属性。事物除了本质属性，还有非本质的属性。把某一个或某一类的本质属性抽取出来，并通过适当的语词表达出来，这就是概念。概念不能

---

① 刘畅．意思、心里的意思、意义［J］．世界哲学，2010（3）：81．

是默会的，它需要以语词的形式呈现出来。在这方面可以说语词是概念的物质承担者。概念虽需用语词来表达，但它和用以表示概念的语词之间并不具有一一对应的关系。同一个概念可以由不同的语词表达，反过来，同一个语词在不同的语境下也可以表示不同的概念。比如，"商品"这个概念，中文用"商品"表示，英文用 goods 或 commodity 表示。语词并不都是概念，只有那些凝聚了我们对某些事物的认知，或者由于人为的规定而有了特定的意涵，这时它才是一个概念，而不再是简单的语词。

语词的意义比较复杂，可以分为不同的层次，本书对语词意义几个层次的划分借鉴了 Geoffrey Leech 的《语义学》中关于意义的分析。① （1）词的概念义（conceptual meaning）也叫认知义或外延义，它指的是词和它对应的物体之间的关系。词的概念义是词的最基本的意义，是用语言可以实现交流目的的最主要的因素。（2）词的内涵义（connotative meaning）也称隐含义或含蓄义，是指通过语词指涉超出纯概念义的那部分交际价值。语词的内涵义因人、因时、因地而宜。语词的内涵义常是通过隐喻、象征等修辞手法来获得和实现的。内涵义与和语词相对应的事物及人的活动及情感有密切的关联，正因为有了事物诸多的性质和属性，与之相对的语词才不仅有单纯的概念义，还有与社会事物与人的情感关联到一起的丰富的内涵义。语词的概念义和内涵义有

---

① 杰弗里·N. 利奇. 语义学［M］. 李瑞华等，译. 上海：上海外语教育出版社，1987.

一定的区别：一般来说语词的概念义是相对比较稳定的，而内涵义则不太稳定，但也是相对固定的，只是它受制于场景、语境等外在因素的作用更大。二者之间也有一定的关联：概念义是基础，是语词中最核心和稳固的部分。内涵义一般说来是以概念义为基础，并在此基础上生发出来的新的意义。除了概念义和内涵义，语词还有（3）联想义（reflected meaning）和（4）情感义（affected meaning）。

作为意象的语词，指的不是语词的概念义和内涵义，而是它的联想义和情感义。只有概念义和内涵义的语词是无法成为意象的，反过来，只有具有丰富的联想义和情感义的语词才有可能成为意象。

三、语词与意象关系新说

出现在诗词中的意象不是作为其承载者的语词的概念义，而是与作者情感有共通关联的语词的象或其他附属属性。在意象的选择上，需找到客观外物与主观情意的契合点。这个契合点的找寻是意象能够成立的关键，它需要想象、需要构思、需要取舍等。与主观情意相对应的是客观物象，在本书中物象不是指的客观事物外在的形象，客观事物能为人观察并识记的是它的表象。客观事物是用语词来言说的，它作用于人的视觉器官，在大脑中形成的是表象。外在事物的表象和以语词形式存储的概念在头脑中是并存的。在日常交流中，主要是语词的概念层面起作用，表象只起辅助作用，可以出现，也可以不出现。可是在诗词语言中就需尽可能地调动与语词相关的表象，然后把这些表象通过情感逻辑连缀成一幅画面。表象要想成为意象，还需要将与作者之意相通的那部分象以语言的形式呈现出来。

　　意象的达成或实现需要一定的媒介，这个媒介就是语言以及与语言相伴随的象。这个意思反过来说就不成立，语言以及与之伴随的象并不就是意象。语词只有在一定的聚合关系或陈述关系中才能表达一个完整的意思。意象不是以名词的形式孤立出现的，为什么单个的名词（包括带有修饰语的名词）不是意象，上文多有阐论，此处不赘述。把意象看作单个名词的主要误区是把语词从具体的诗作中剥离出来单独论说。这里涉及一般意义上的部分与总体的关系。按一般的理解，部分是构成总体的基础，没有部分就无所谓总体。但总体与部分的关系则有点复杂，按黑格尔的理解，总体是部分的前提与根据。依照这个理解，把单个语句从整个诗作中抽离出来，以为它便是意象，就破坏了诗作的总体性和有机性。为了纠正这种习焉不察的讨论误区，维特根斯坦在《哲学研究》中提出影响深远的意义的用法论——一个词的意义是它在语言中的用法，主要用意就是反对脱离语言的具体语境来抽象地讨论语词的意义和用法。同理，在讨论意象的过程中，也需要把通常所谓的与意象相对应的语词放到相应的诗作中去具体讨论，而不应只是脱离语境讨论意象与单个语词之间的关联。

　　把讨论的焦点从意象与语词之间的关系转到具象性语词是如

何经过作者的构思从而在诗作中凝结了作者之意这个问题上，问题就显豁多了。关于这方面的研究已有不少学者在做了，比如，关于审美意象的生成与创构的研究，本书并不打算在这方面多着笔墨，而仅限定于厘清这个问题背后所涉及的理论问题。

四、维特根斯坦谈"意象"

最后再简单谈一下维特根斯坦对意象（暂时用这个词，下文会有对这个翻译词的辨析）问题的思考。维氏专门谈论意象的并不多，主要集中在《哲学研究》的第 370 节，下面我们就来具体看一下：

必须问的不是：什么是意象，或具有意象的时候发生的是什么；而是"意象"一词是怎样用的。但这不是说我要谈论的只是语词。因为，若说我的问题谈论的是"意象"这个词，那么在同样的程度上追问意象本质的问题谈论的也是"意象"这个词。而我说的只是，这个问题不是可以通过指向什么东西得到解释的——无论对于具有意象的那个人还是对于别人都是这样；这也不是可以通过对任何过程的描述得到解释的。第一个问题（意象本质的问题，什么是意象的问题。——译者注）所询问的也是一种语词解释；但它引导我们期待一种错误的回答方式。①

为了便于说明"意象"问题，连同《哲学研究》的第 370 节的韩林合译本与涂纪亮译本一并抄录如下：

> 人们必须要问的不是心象是什么或者当人们想象什么时在那里发生了什么，而是："想象"这个词是如何被使用的。不过，这并非意味着我只想谈论语词。因为如果说在我的问题中谈到了"想象"这个词，那么在有关想象的本质的问题中也谈到了它。我只是说：这个问题不能经由某种指向来解释——无论是对于这个想象来说，还是对于另一个人来说；也不能经由对于任何一种过程的描述来解释。即使第一个问题也是在追问一种语词解释；但是，它却将我们的期待引向了一个错误种类的答案。②

> 人们应该问的，不是人在想象时有什么心象或者那里发生了什么，而是如何使用"想象"这个词。不过，这并不意味着我只想谈论词。因为，想象的本质这个问题也与我的问题一样，都是关于"想象"这个词的。我只是说这个问题不应借助于指示方式加以解释，——无论是对于进行想象的那

---

① 维特根斯坦. 哲学研究 [M]. 陈嘉映，译. 上海：上海人民出版社，2005：135-136.
② 维特根斯坦. 逻辑哲学论 [M]. 韩林合，译. 北京：北京大学出版社，2013：197.

个人，都是如此；它也不能用描述任何过程的方式加以解释。第一个问题所要求的也是对词做出解释；但它使我们期待一种错误的答案。①

之所以把《哲学研究》第 370 节的三个不同版本的译文都一并抄录在这里，是想在探讨《哲学研究》中核心概念的基础上更准确地理解维氏的思想。陈嘉映、韩林合、涂纪亮三人为中文学界的维特根斯坦研究专家。简要评说一下这三个版本：陈嘉映的译本总体来说准确可靠、质量上乘，所以本书中引用《哲学研究》时基本都采用陈译本。韩林合的译本忠实度更高，甚至为了更贴切表达出维氏的思想而不惜适当违拗汉语的习惯表达法，换句话说就是韩译本译得更硬。涂纪亮的译本也忠实可信，总体评价介于陈译本和韩译本之间。

陈、韩、涂三人都是直接从德语原文翻译的《哲学研究》，但在 370 节有一个德文词比较难翻译，Vorstellung。Vorstellung 有概念、表象、心象、想象等义，陈嘉映把它全部译作"意象"，韩林合依不同语境和词性分别译作"心象"和"想象"，涂纪亮也把它译作"心象"和"想象"。《哲学研究》的权威英译本，安斯康姆以及哈克和舒尔特都把 Vorstellung 译成 imagination（包括把 vorstellt 译成 imagine）。上述的三位英译者与维特根斯坦的学术渊源极深，或者直接是他的学生，或者是他的再传弟子，所以

---

① 维特根斯坦. 哲学研究［M］. 涂纪亮，译. 北京：北京大学出版社，2012：155.

其译本是权威可靠的。如果把 Vorstellung 译成 imagination，再依这个理解可以翻译成"想象"。但在 370 节的第一句中的前半句 Nicht，was Vorstellungen sind，这里用的词是 Vorstellungen，其意思略异于 Vorstellung。如果再结合 369 节以及更前边的 363 节，可以看到这里主要探讨的是"当我想象时，心里发生了什么"。这个意思，可以翻译成意中之象，也可以翻译成心中之象。心中之象可以用心象来表示，但意中之象却不宜用意象，因为后者是古代文论和美学中一个沿用极广的概念。除非在意象之后做特别说明，否则容易产生不必要的误会，所以不宜把 Vorstellung 译成意象。从这个意义上说韩译较陈译为佳。Vorstellungen 和 Vorstellung 的区别，在汉语中勉强可以心象和想象来对译，如把它译为英语，心象可以译成 mental images，想象译成 imagination 或 imagine（具体可依具体上下文而定）。如果把上述两个德语译成 imagination 和 imagine，则无法显示出两个德语词之间的细微区别。在这种情况下，如果从陈译本出发，认为 370 节中所论的"意象"指的就是中国古代文论和美学中的意象概念，再以维氏的论点硬套在意象研究上，就会造成具体研究中的扭曲和错位，其结论也经不起推敲和检验。

《哲学研究》第 370 节在内容上紧承上一节，探讨的还是想象问题。369 节提到了一个问题："当一个人在脑袋中进行计算时，情况是怎么一回事儿——在那里发生了什么？"对这个提问，可能的回答是：（1）头脑中发生的各项可通过外部仪器测得的多项生理活动，或者（2）头脑中具体进行的数字运算。维特根斯坦认为369节的问法存在问题，它把回答引向错误的方向。不管回答脑袋中发生了什么都不是这句话真正关心的，按维氏分析，这句话真正想表达的是"我们把什么叫作心算"。因为想象和意象有密切关系，所以维氏在370节的思想也可以借用到意象研究上。依照维氏的思路，我们的关注点不应放在看到意象时心里想到了什么，而要把重点放在意象这个词的具体用法上。这里有一点需要说明，就是概念和语词之间的关系。对二者的关系陈嘉映有非常清晰的认识："概念和语言并不是一回事，概念不能都换说成语词，但另一方面，概念考察和语词分析关系极为密切，……概念考察的基本方式是借助分析与某一理论概念相关的各种说法，或反过来说，我们通常把这种进路称为概念考察。"①简单总结一下：意象是一个概念，与语词特别是具象性语词之间，隶属于不同概念结构之间的划分。所以认为意象附着于语词，语词是意象的载体，与对意象的概念考察进路有所不同。下一章考察一下受到维特根斯坦讨论私有语言影响的一个关于意象的话题：意象的私有与同一。

---

① 陈嘉映.语言转向之后［J］.江苏社会科学，2009（5）：30.

第五章

意象的私有与同一性问题

意象的私有在之前的意象研究中是比较少涉及的一个论题。与意象的私有相对的一个说法是意象的公有。所谓意象的公有，指的是意象可以为不止一人所有；意象的私有，是从维特根斯坦的《哲学研究》中化用过来的一个说法，它关联到维特根斯坦对于私有语言的深入讨论。同一性问题涉及不同理论家关于同一性的诸多复杂论述，它与意象的关系实际也是从意象的私有问题延伸开来的。本章将聚焦于这两个问题展开论述。

第一节　意象的私有

意象的私有，也即私有意象（private image），是参照维特根斯坦在《哲学研究》中使用的私有语言（private language）而仿造的一个概念，而私有意象在之前的意象研究中是不充分的。在论说私有意象之前，先来简单考察一下私有语言问题：什么是维特根斯坦意义上的私有语言，他那个意义上的私有语言存在不存在？只有明白了这个问题，关于私有意象的讨论才会有比较稳固的理论根基。

提到私有语言，不少人会有望文生义的理解，以为私有语言就是一个人在私下场合讲的话，或者是一个人说的只有自己懂的语言。如果从这样的理解出发，会错失维特根斯坦在私有语言论述上的所有精义。私有语言在维特根斯坦那里有特定的所指，它不是一个人在私下场合说的公共的语言，也不是一种小圈子里的语言，而是指的这样一种语言："这种语言的语词指涉只有讲话人能够知道的东西；指涉他的直接的、私有的感觉。"① 这个意义上的私有语言关涉到内在之意与外在表达的问题以及语词与感觉的内在指涉问题。弄清了关于私有语言的这两个问题，再来进行关于私有意象的讨论会有的放矢得多。

一、内在之意与外在表达

关于内在之意与外在表达，基本的一点是：内在之意需要表达。这种表达可以是语言，也可以是各种动作——比如，眼睛或肢体。这里先看一下内在之意与语言表达之间的关系。

关于二者的关系，一种经典的观点认为，语言是人造出来的，用来表达世上的事物及内心的感受。内心的感受是无穷、丰富、复杂的，而语言是有限的，有限的语言无法与无限的感受匹

---

① 维特根斯坦. 哲学研究 [M]. 陈嘉映，译. 上海：上海人民出版社，2005：101.

配，所以言不能尽意——言不尽意的主要理据就在这里。

另一方面，人是先在内心中把想表达的意思想清楚了，然后再用语言把它表达出来，语言是内心之意的表达。按这种观点，语言是达意的工具，需要先在心中有一个意，然后再找到合适的语词把它表达出来。内在之意是完整的，在通过语言传达的过程中有一些东西在其中损耗和变形，有一些一时无法找出合适的语词，更有一些内心深处的东西无法用语言表达出来。日常生活中不时会听到类似的说法，比如，我说的话没完全表达心里所想的，我内心独特的感受无法用语言表达。不仅现代人，就是唐代诗人刘禹锡也发出过同样的感慨："常恨言语浅，不如人意深"。

那么这个观点对不对呢？乍看起来，这个观点很符合常识，其正确性能得到现实的验证，好像很难对它产生怀疑。事实也是很多人从来没有怀疑过这种语言观和在此语言观基础上的一系列各色不同的学术观点。但语言和内在之意的关系果真如上所说的那样吗？下面就来具体分析一下。

语言首先是一个外部的公共平台。它不是由某一个人一时兴起随便发明出来的，而是历经万千代人在聚居的人群中才得以产生的。从语言的时间起源上来看，是先有了人，有了人与人之间的交往，由于交往的实际需要，按我们上文关于语言的一个讨论进路，逐渐从单纯的信号到发展出单独具有意义的语词再到最后发展为系统性的符号体系——语言。按照上文曾一再引述的索绪尔关于语言的看法，在语言产生之前的世界是模糊混沌的，有了语言，世界才以清晰的样貌呈现在作为存在者的人面前，其中语言不仅是言说世界的工具，也是世界得以被这样切分而不是那样切分的依据。

从这里可以延伸开去说一下不同语言对世界的不同切分问题。如果我们坚持索绪尔的语言是对世界的切分的观点，那不同的语言对世界就有不同的切分，每一种独立的语言都是对世界的独特的切分。既然是这样，那为什么不同的语言之间可以进行有效的交流或者翻译呢？这就不得不说到语言的切分或成形与现实事物，特别是具有客观形体的外物之间的关系。在索绪尔那里，语词的能指和所指之间的关系是任意的，语词反映的不是现实中的事物，而是现实事物在心里的印记。这一点非常重要，但在这一点的基础上我们还可以有进一步的补充：之所以造出这样的语词，它会引致这般的而不是那般的联想，并不完全是任意的。它在一定程度上受到现实中实际存在的事物的指引，或者说现实中的事物导引着语言对世界的切分或成形。在语言的具体切分中可能会有所不同，但在一个基本的意义上，不同的语言之间仍分享了一些基本的东西。比如，现实世界中有各种不同的树木，这些树木在不同的语言中会有不同的名字。虽然有不同的名字，但这个符号在原初的意义上仍指的是现实世界中存在的那个具有特定形状的实物——这里为避免误会暂不用树来命名。这是现实事物导引语言成形的一方面，另一方面在不同语言中的语词仍有其独特性。比如，德语中名词有性——阴性、阳性、中性——的区分，汉语中名词则没有性的区分。所以对于同一种树，说德语的人和说汉语的人都可以用一个词来指称它，但被组织进具体语言中的样式则有所区别，德语中的名词在搭配时需要保持与其他语言成分性、数、格的一致，而汉语中名词的运用除有单复数的区别外，并无性和格的区分。

在日常实际生活中，会有在用语言说出来之前先在心中思虑、斟酌的情形，但不能由个人的经验进行形而上学的推定，并进而用这个推定出的结论阐释一切语言现象。对于这个问题，王峰有非常清醒的认知和到位的评论，他认为在内心中思考一番然后说出，这是经验观察；把这个经验由己及人地推广开去，并假定是先有思想，再有表达，语言是载体，这个推论过程犯了形而上学的错误，"在单个经验中，我们可以只观察一个过程，而把其他制约因素忽略掉，但整体的哲学观念却不能如此，它必须全面地考虑各种制约因素。单个经验中忽略掉的东西必须得到充分思考"。①

内在之意是在个体心灵之内的，语言则是外在的可公共使用的，这就还涉及一个意的翻译或传达的问题。先来看内在之间的翻译。提到翻译，我们首先想到的是两种不同语言之意的翻译，这是翻译这个词最基本的用法，其余用法皆是从这种典型的用法中延伸出来的。下面我们来看一下翻译的典范用法。翻译的两

---

① 王峰. 私有语言命题与内在心灵——维特根斯坦对内在论美学的批判 [J]. 文艺研究，2009（11）：30.

边，即被翻译的和翻译出的都是成形的东西，比如，在语言的翻译中就极具典型性。语言的翻译是在两种不同语言之间的翻译，翻译者至少需要同时通晓两种语言——源语言和目标语言，他把一种语言中表达的意思通过另一种语言表现出来。上文提到根据索绪尔的理论，不同语言是对世界不同的切分，不同的语言之间并不存在完全的对等关系，至多是一种形式上的对应。把一种语言翻译为另一种语言，不仅仅是实词之间的翻译，还包括句法结构的另一种表达，所以并不存在完全的对等翻译，或者说所谓的对等翻译只是一种语言误用引起的认知错觉。翻译除了两种语言之间的翻译这种情形，再有就是在一种语言之内的翻译，比如，加了密的文字、用玄奥艰深的专业术语写成的文章，等等。之所以在某种情形下需要翻译，一方面是因为一些人无法直接读懂，想弄懂就得把那种语言翻译成他能懂的话。还有一个方面，同样重要的是——如果不说更重要的话，那些被翻译的东西本身并不是不可索解的，在懂得那些东西的人那里它是可以被直接理解，不需要再进行一次翻译的。用存在主义习惯的术语来说就是：语言对懂得它们的人直接就"是"，对于无法直接懂得语言之"是"的人才需要追问语言之"是"，语言的"是"是什么。

分析完了在两种语言之间的翻译和在一种语言之内的翻译这两种翻译语词用法的典型情况，回过头来再看一下内在之意与语言翻译的问题。内在之意是蕴藏于主体心灵之内的，它没有一个成形的清晰形态，这样形态的内在之意如何"翻译"呢？答案可以是无法翻译，也可以是随便翻译。内在之意到底"说"了什么，"说"了多少，别人无从得知，甚至他本人也无从知悉，除了把内在之意用语言"说"出来，否则，我们不知道他的内在之意是什么。不过据上文对翻译一词用法的考察，把翻译用在这里明显是不严谨的。如果认为外在语言是对内在之意的翻译，沿着这个思路行进下去，就会把我们引到错误的歧路上去："一旦使用了这个比附，就不可避免地承接了翻译原型的所有内涵，这让我们不自觉地假定私有语言与公共语言区别就像英语和汉语的区别一样实在，毋庸置疑。"①

对内在之意与翻译之间的关系，可以稍稍做一个总结：用翻译这个隐喻去比附内在之意与语言之间的关系是一种形而上学的错误，它会把我们的思考引向错误的方向。

二、语词与内在感觉

上文谈了内在之意与翻译之间的关系，我们再谈谈语词与内在感觉。内在感觉是不是一个具有确定性的如同外在事物一样的实体，语言和内在感觉之间的关系是不是一种指称或指涉关系。如果私有语言是一种内在感觉，那用语言可不可以描述它，这就关联到了内在感觉与语词描述之间到底是什么关系的问题，下面就来重点分析一下。

---

① 王峰. 私有语言命题与内在心灵——维特根斯坦对内在论美学的批判 [J]. 文艺研究，2009（11）：30.

（一）个人感觉与私有感觉

关于内在感觉，不宜笼统地论之，应该做一定的界分，这里把内在感觉分为个人感觉（personal feeling）和私有感觉（private feeling）。个人感觉是个人拥有的感觉，这个感觉为个人而非他人所拥有，可以用语词表达出来。私有感觉只为个人所拥有，无法用语词表达出来，或说出来的语词只专门指涉他自己特有的感觉。个人感觉不同于私有感觉，它是可以公共传达的，不仅说的人自己明白，别人也能理解他说的是什么意思。私有语言则具有私密性，正因为它的私密性，所以无法与他人分享，只能为自己意会，难以为他人"理解"。（后文会有分析，这里所谓的"理解"有多么可疑。）"在什么意义上我的感觉是私有的？——那是，只有我知道我是否真的疼；别人只能推测。"对于这种常见的理解感觉的思路，维特根斯坦给予了直截了当的批评，他认为"这在一种意义上是错的；在另一种意义上没意义"①。

在哪种意义上是错的呢？疼，你知道，你说出来，别人也就能知道。在哪种意义上没意义呢？疼，我疼，我有疼，这都是合乎语法的正常句子；我知道我疼，这里"知道"一词的用法是错误的。因为你知道的，别人同样可以知道，如果仅仅你自己可以知道，而别人无法知道，那知道这个词在这里就丧失了用法和意义。在第一人称上声称"我知道我疼"，犯有如上所说的语法错误，但如果说"我知道他疼"，把知道疼的对象从第一人称转换

---

① 维特根斯坦. 哲学研究［M］. 陈嘉映，译. 上海：上海人民出版社，2005：104.

到第三人称，则不会有如上错误。理由是：（1）我可以问他疼不疼，他如果诚实地告诉我，我就会知道他到底疼不疼；（2）我可以由他的外在行为举止猜测他疼不疼。这里涉及疼与自然行为之间的关系，一般情况下，凡疼皆有外显的动作。按维特根斯坦的分析，语词和感觉的原始、自然表达是联系在一起的，在习得了语言之后，在疼痛和疼痛的表现之间也不需要借助语言，疼痛的表现直接就是疼痛，"疼的语言表达代替了哭喊而不是描述哭喊"①。所以我可以经由疼痛的自然外显得知别人的疼痛。这里还有一种比较复杂的情形，就是欺骗或隐瞒，因为与本书的论题相距较远，所以并不打算过多涉及，有兴趣的可参考陈常燊的论文《欺骗如何可能？——维特根斯坦论隐藏、假装和说谎》。② 不过有一点需要明确：欺骗或隐瞒之所以在理论上可能，正是因为在逻辑上有内在过程的一般外在行为标准作为它成立的前提。如果没有这个标准，就无法判断真实与虚假，没有真实，也就无所谓欺骗。凡存在欺骗的地方，都有识别欺骗的可能。再有因为人类行为的复杂性，外在行为标准与内在意向之间并无固定的对应关系，所以才会有欺骗行为的产生，也就是从某人的外在行为无法有效地推出他的内在意向。

当我们把感觉当作私有、承认私人感觉存在的时候，还面临

---

① 维特根斯坦. 哲学研究［M］. 陈嘉映，译. 上海：上海人民出版社，2005：103.

② 陈常燊. 欺骗如何可能？——维特根斯坦论隐藏、假装和说谎［J］. 世界哲学，2010（1）：151-155.

另一个理论上的难题，即如何确定一个内在私有感觉。内在私有感觉不同于外在事物，可以被外在的感官直接看到、感知到，那如何确定内在的感觉呢？首先要说明一点：内在的感觉是流动的、混沌一片的，要把内在感觉界分清晰，就需要复认出同一个感觉，并用一个语词指涉它。维特根斯坦在《哲学研究》第258节提到了这个情况，下面我们就来具体分析一下。

"我将为某种反复出现的特定感觉做一份日记。为此，我把它同符号 E 联系起来，凡是有这种感觉的日子我都在日历上写下这一符号。"① 我们看一下如何将符号 E 与一个反复出现的感觉联系起来？将 E 直接指派给反复出来的感觉，如何指派？用指物定义的方式吗？如果说有一个方法还行得通，那无非是用结构定义的方式将某一特定感觉与一个符号联系起来。接下来的问题是：这种结构定义可靠吗？下面就来具体分析一下。指物定义大致可分为两种：外在的指物定义和内在的指物定义。把内在感觉与外在符号用内在注意力指认出来，涉及的是内在的指物定义。内在的指物定义以外在的指物定义为范型和标准，在讨论内在的指物定义前先简单看一下外在的指物定义。

（二）指物定义分析

指物定义，如无特别说明，一般即外在的指物定义，它还有一个名称：指称论。这种观点认为：对象和名称依靠指称关系关

---

① 维特根斯坦.哲学研究［M］.陈嘉映,译.上海：上海人民出版社,2005：107.

联起来。名称指称外在的对象或事物，其意义用外在的指称物来保证，名称和对象之间存在着对应关系。维特根斯坦对指物定义有精要简短的概括："每个词都有一个含义；含义与语词一一对应；含义即语词所代表的对象。"① 那么语言在实际中所发挥的作用是否就如指物定义所说呢？下面通过几个典型的例子来看一下。

　　先从一个简单的例子谈起：教师训练孩子学习新词：用手指着苹果，把孩子的注意力引向苹果，同时说出这个词。这是维氏称作的"指物识字法"。之所以不称作指物定义，是因为它多半情况下只是简单的跟随练习，还不足以对名称正确发问。这种形式可以在词与物之间建立什么联系？一般的想法是：孩子听到语词，把它与对象关联起来，以后再见到像苹果一样的东西就可用"苹果"来称谓它了。我们最初是这样来学习语言的，效果往往也相当显著。

　　再看一下数字的定义。可以这样来学习："我指着两个核桃给二这个数字下定义说：'这叫二。'"可以这样来定义"二"吗？如果按照上边所说的指物定义是建立词和物之间的联想式关系，那数字二会让我们联想到什么呢？两个核桃、两个苹果，还是两个人、两棵树，这些联想都可以，但所有这些又都不是数字"二"。对一个在生活中还未掌握一定基础知识的人，在刚开始就用指物定义的方式教他数字"二"，这里的误解是不可避免的。

---

　　① 维特根斯坦. 哲学研究［M］. 陈嘉映，译. 上海：上海人民出版社，2005：1.

比如，他可能以为要把这对核桃称作"二"，可能以为"二"指的是核桃的颜色或形状。实际情形正如维特根斯坦所说的"指物定义在每一种情况下都可以有不同的解说"①。

那能不能用数字概念来进行定义：这个数字叫"二"。这种定义方式倒是可以有效避免误解。"要是一个词在语言里一般应扮演何种角色已经清楚了，指称定义就能解释它的用法——它的含义。"② 但没掌握数字概念的人可能会追问数字是什么，对数字的定义又需依赖具体的数字，这样追问下去会是一种循环定义。如果把这个思路推演到最后又会回到词的定义或词与物的关系问题。关于这一点，后面还会有所涉及。

考察完实物和数字的定义，下面再看一下颜色和形状如何通过指物方式来定义。"你试着指一片纸看看！——你再来指它的形状——再来指它的颜色。"③ 我们知道，形状和颜色是事物的一种属性，作为属性它是依附于实体的。可以用指的方式来定义实物，还可以用类似的方式来定义它的颜色和形状吗？这又是如何做到的？设想有人说：我在指颜色的时候注意力集中于颜色，忽略了它的形状；指形状的时候注意力集中于形状，忽略了它的颜色。按这样的要求把注意力集中于颜色或形状的时候，外部动作和内在心灵可能会有不同的独特经验或伴随现象，但用内在注意力就可以锚定所指的究竟为何了吗？先说在指颜色或形状时的独

---

① 维特根斯坦. 哲学研究［M］. 陈嘉映，译. 上海：上海人民出版社，2005：17.
② 维特根斯坦. 哲学研究［M］. 陈嘉映，译. 上海：上海人民出版社，2005：18.
③ 维特根斯坦. 哲学研究［M］. 陈嘉映，译. 上海：上海人民出版社，2005：20.

特经验是不是每次都出现，每次出现又是不是相同？再有，即使与指相伴随的经验每次都出现，每次出现又是相同的，这能否保证指的就是它的颜色或形状？

现在再简单谈一下意谓（德文词：meinen，英文词：mean。又译：意指）这个词。明了这个词与一般行为动词的特异之处，就会更加明白为什么用内在注意力无法保证指的确定性。"这是蓝的"这话，一会儿可以意谓关于所指对象的述说，一会儿可以意谓"蓝"这个词的定义。准确的说法应该是："这叫作'蓝的'"。说出这句话的时候，所有外在和内在的经验可以都是同样的，怎么这句话竟然可以一会儿意谓这个，一会儿意谓那个，这到底是怎么一回事？不过由上面说到的实例可以看到，由外在动作和内在心理来定义语词意义的说法是很难成立的。

关于意谓，维氏还举了一个更深的例子：我能否用"卜卜卜"来意谓"不下雨我就去散步"？答案是否定的，你做不到。如果能做到的话，也是把"卜卜卜"这三个本身无意义的词翻译或解释为我们语言中有意义的话，比如，"不下雨我就去散步"，这样才能达到它想达到的"预期"目的。经过这一番翻译或解释之后，貌似"卜卜卜"可以有一个意思，也可以"理解"它。但需要引起注意的是：这一番推演是在一个行之有效的语言系统之内完成的，这三个词在这个系统之中没有原初的位置——它本身在这个系统中不作为有意义的独立元素出现。如果说它有一种用法和意义，那也不是原初的用法和意义，而是经过语言转换之后所达成的效果。这也就是维氏对这个问题思考的结论：只有凭借一种语言我才能用某种东西意谓某种东西。① 如果说得更具体和详细一点："只有借助一门语言，我们才能把一个对象与它的位置、状态等区分开来。"② 只有用语言才可以清晰切分混沌不清的现实。如果掌握了一门语言，那不管是指称它的名称、颜色、形状，还是它的数目、位置、状态等，都可以很容易地做到：用语言清楚地表达出来就可以了。

在指称定义中，指的这个动作是不是多余的，可以不要？事实是，指的这个动作不可或缺，没有指这个动作，与之相应的声音在不同的语言游戏中可以指代不同的东西。指物定义中的指这个动作，不管指的是实物，还是颜色、形状、数目等，都是不同的语言游戏的一个构件。"在不同的语言游戏中，我们用不同的语词指称对象，报告它的位置、状态，对于掌握了这些语词用法的我们，我们才得以——用语词也好，用手势也好——这一次意指张三，下一次意指张三的姿势，再一次意指他所在的位置。"③总结来说就是：单独的指是没有意义的，或其意义无法确定。只有把指这个动作与它之前和之后的情形也就是周边情况关联起来，指的动作才有意义。

通过以上对实物、数字、形状和颜色、指的动作的具体考察，我们可以看到仅仅凭着用手去指或把注意力集中于所指的对

---

① 关于这段的讨论可参考维特根斯坦《哲学研究》（陈嘉映译）的第35小节。
② 刘畅．意思、心里的意思、意义［J］．世界哲学，2010（3）：79.
③ 刘畅．意思、心里的意思、意义［J］．世界哲学，2010（3）：79.

象，并不足以保证语词和对象之间的意义关联。语词和对象之间的意义关联所要求的远多于用手或注意力去指，或者说语言在实际生活中发生作用的方式比单纯地指物定义要复杂得多。

下面再看一下内在的指物定义中的意义确认问题。内在的指物定义，如何指？很显然用外在的手是没有办法确保指物的准确性的，那只好用内在的东西，比如，用内在的心灵之眼、用内在的注意力确保内在的感觉，从而确保内在指物的准确性。

上文提到内在的感觉是混沌的、流动的，要想确认某种感觉，必须把它与其他感觉分离开来，而且这个感觉还要能反复出现。如果无法把某种感觉分离出来，或者这种感觉与其他感觉仍是混同在一起，或者这种感觉无法反复出现，那对这种感觉的指称或研究都是无意义的。所以，如果想指称某种内在感觉，这种感觉必须得反复出现。如果是这样，那我们如何复认出现的感觉是同一种感觉，这里判断感觉的同一性标准是什么？这个问题还可以反过来想：我可以说或写一个符号，同时把内在注意力集中在那个感觉上，借此锚定符号与内在感觉之间的联系，以便下次再见到这个语词时能正确回忆起这种联系。这个方法看似能够奏效，实际在这里缺乏判别语词与感觉之间正确与否的标准，或者说这里缺乏关于内在同一性的标准。如果说有的话，也只是个人内在的标准，即我相信我在看到这个语词时有的是同一个感觉。而这个以"我觉得"为判别准则的标准实则是没有标准，也就是这里无标准可言。借内在注意力搭建语词与感觉之间关联的做法之所以行不通或无标准可言，还因为这里涉及规则的遵循问题。如果语词的意义依凭内在的注意力集中到感觉上来予以担保，那就相当于遵循了一条私有规则。因为规则，依其本义，根本不能也无法私自遵循。规则"必须具有三个特点：一是群体性，二是重复性，三是约束性。三个特点同时具备才能构成规则"①。

（三）名称与对象的概念观

上文提到的外在指物定义和内在指物定义，如果追溯其理论模型，都分享了名称与对象这一理论模型。仅仅依靠单纯的指称对象无法确保名称的意义，这一点已有所阐论。事实还不仅止于此，如果深究这个理论模型的问题，它在更深的层面上误解了语词在实际的语言游戏中起作用的方式。对此，维特根斯坦曾举过一个著名的例子来说明这一点：

假设每个人都有一个盒子，里面装着我们称之为"甲虫"的东西。谁都不许看别人的盒子；每个人都说，他只是通过看他的甲虫知道什么是甲虫的。——在这种情况下，很可能每个人的盒子里装着不一样的东西。甚至可以设想这样一个东西在不断变化。——但这些人的"甲虫"一词这时还有用途吗？②

---

① 王峰. 私有语言命题与内在心灵——维特根斯坦对内在论美学的批判［J］. 文艺研究，2009（11）：33.
② 维特根斯坦. 哲学研究［M］. 陈嘉映，译. 上海：上海人民出版社，2005：117.

这里的甲虫当然只是一个比喻，它不是指的植物、动物等世界实存的东西，而是指的如感觉语词等好像有内在对象的东西。你怎么知道别人盒子里装的是什么？你无法看到，只能靠猜测，猜测的标准就是自己盒子里的东西。如果是这样的话，那不同人盒子里装着不同的东西，抑或里边不装任何东西，这个语言游戏仍然行得通——因为相互看不到对方盒子里装的东西。"私有经验的本质之点其实不是每个人都拥有他自己的样本，而是没有人知道别人有的也是这个，还是别的什么。"① 如果以为感觉语词表达的是只有自己知道的内在对象，感觉语词的含义也只有自己通过把握内在对象才知道，那就在根本的意义上误解了感觉语词的表达式。对内在对象与语词之间的关系，维特根斯坦的答案斩钉截铁："真有用途，这个用途（甲虫的用途）也不是用来指称某种东西。"② 那甲虫（内在对象）在语词和意义的关系中究竟扮演了什么角色呢？"盒子里的东西根本不是语言游戏的一部分；甚至也不能作为随便什么东西成为语言游戏的一部分：因为盒子也可能是空的。——是的，我们可以用盒子里的这个东西来'约分'，无论它是什么东西，它都会被消掉。这是说：如果我们根据'对象和名称'的模型来构造感觉表达式的语法，那么对象就

---

① 维特根斯坦. 哲学研究［M］. 陈嘉映，译. 上海：上海人民出版社，2005：111.

② 维特根斯坦. 哲学研究［M］. 陈嘉映，译. 上海：上海人民出版社，2005：117.

因为不相干而不在考虑之列。"① 这是一个表面看起来有点费解的结论：明明是用名称去指称内在的对象，怎么它竟因为和感觉表达式无关而不在考虑之列？

内在对象可以消除，那感觉表达式也可以同样消除吗？事实上，在构造感觉表达式的时候，有一样东西是消除不了的，即这个盒子里装着名叫"甲虫"的东西，不同人所分享的共同的东西就是"甲虫"这个语词或这个表达式。如果我们假设名称描述内在对象，并以此构造感觉表达式的语法，结果却因为对象不相干而不在考虑之列，那就得好好反思一下名称和对象指称关系的这个理论模型了。

下面还是以疼这个感觉语词为例，看一下如何学会这个词及它在实际中发挥作用的方式。维特根斯坦提到人学会感觉名称的含义的一种方式是："语词和感觉的原始、自然表达联系在一起，取代了后者。"具体到疼这个词，当小孩子因为受了伤哭起来，"这时大人对他说话，教给他呼叫，后来又教给他句子。他们是在教给孩子新的疼痛举止"。依着这个思路，"疼的语言表达代替了哭喊而不是描述哭喊"②。可以这么说疼痛的表现就是疼痛本身，中间不需要语词的描述。没有疼痛的行为举止就不会有疼痛，或者说凡感觉语词都会有正常的外在表现形式。如果没有，

---

① 维特根斯坦．哲学研究［M］．陈嘉映，译．上海：上海人民出版社，2005：117.

② 维特根斯坦．哲学研究［M］．陈嘉映，译．上海：上海人民出版社，2005：103.

则人们根本无法学会感觉语词。

　　这里可以顺便说到内在感觉表达式的特殊性，即它需借助成形的外部现象通过隐喻的方式实现。比如，内在的情绪，焦躁可以表达为"热锅上的蚂蚁"，快乐得"像一头猪一样"，等等。表达内在的情感需要假借外物，表达深层的情感尤其不能缺少外物。中国古人的说法是借物抒情或托物言志。不过根据上文的分析，这个意思反过来说可能更合适：人内在就有情或意需要表达，在表达的过程中需借助语言，语言又与对象有关系。对于感情和表达的关系，维特根斯坦通过一个例子做过很有趣的说明："一个人唱歌时可以带着表情，也可以不带着表情。那么为什么不略去歌，那时你还有表情吗？"① 这个问题其实并不难回答：没有歌，也就没有表情。维特根斯坦通过这个例子想要说明的是：（1）认为意义或思想是语词的伴随物、与语词毫不相干的观点是错误的。（2）想（或想象）不是说出或听到语词的伴随物。换成肯定的表述就是：意义、思想、想象都是语词在使用中展现的功能。

　　关于语词与内在之意的关系，在上文象与意的关系那里曾有讨论。那里前语言阶段的象等同于这里的内在之意，那里的意等同于用语言表达出来的意思。当时得出的一个初步结论是：前语言阶段的象与意之间并无必然关联，它们是两种不同的对世界的

---

① WITTGENSTEIN, L. Lectures and Conversations on Aesthetics, Psychololgy and Religious Belief〔M〕. Berkeley and Los Angeles: University of California Press, 1967: 29.

呈现方式。这个结论也同样适用于内在之意与语言表达之间的关系：内在之意和语言表达并不存在一一的对应或描述关系。

以上两节比较细致地讨论了内在之意与表达以及语词与内在感觉之间的关系，得出的基本观点是：语词并不是内在之意的另一重"翻译"，它可以说是内在之意的显现或成形。语词也不指涉内在感觉，所谓内在感觉只是把语词指称外在对象这个语词和对象的模式不加限制地推广到内在对象之上。之所以会这样，主要还是受了不恰当表达式的表层语法的误导。

回到意象的私有这个话题。为什么会有私有意象这个论题呢？原因之一可能是不同人看到意象会引起不同的想象，而每个人的想象又有所不同，所以得出意象是私有的结论。意象是通过语词表现出来的，因为私有语言是不存在的——上文已简单论证，所以意象也是不可能私有的。在维特根斯坦所理解的私有语言的意义上，私有意象是不存在的，但如果意象私有理解为不同的主体看到意象会唤起的不同的心象，那不同主体的心象是相同或同一的吗？它们的相同或不同对意象的理解有没有影响？这关联到对同一性问题的理解，下文就从这两个角度展开论述。

第二节　同一性理论概说

同一性（identity）问题是隶属于西方哲学领域的一个基本问

题，此问题关涉到存在论以及思想的规则和形式。下面简要追述一下西方同一性思想发展的重要历程。

一、古典时期

（一）赫拉克利特

古希腊的哲人赫拉克利特思考过流动与同一的关系。他有一句名言是"人不能两次踏进同一条河流"。这句话的意思并不难理解：河水是流动的，这次踏进的河流不同于下次，所以人不能两次踏进同一条河流。赫拉克利特说的当然不只是人和水的关系，背后是万物皆动、万物皆流的哲学思想。用现在的话说就是他认为一切事物都存在，同时又不存在，因为一切事物都处在不断地流动、变化中。

赫拉克利特的这句话之所以能成立，是依赖于或建立于这样的理论预设或前提之上的：河流是由河水组成的，不同的河水组成的是不同的河流。正是由于这样的预设和前提，赫拉克利特才能做出如上的论断。赫拉克利特的这句话关涉到一物何以成为一物，或曰一物同一的根据何在？是它内在本质，还是外在形式？赫拉克利特的这句话以简洁的形式传达了同一性的深义。

（二）巴门尼德

希腊的另一位哲人巴门尼德用"思维与存在是同一的"这个命题更集中地表达了他关于同一性的思想。那么应如何理解这个命题呢？一般的理解是：能被思维者和存在者是同一的，不能被思维就是不存在者，能否被思维把握到是存在与否的判断标准。看一下古希腊哲学研究专家汪子嵩的观点："因为你既不能认识非存在，也不能将它说出来""能够被表述、被思想的必定是存在""思想只能是适于存在的思想，因为你找不到一个没有它所表述的内容的思想"①。在巴门尼德的表述中还未清晰区分存在和存在者，所以在上文的阐释中并未严格区分二者。在巴门尼德那里存在的意思就是存在者，但这个存在者却不同于现在通常意义上的所谓存在者，它是扬弃了现象与感性对事物的本质与必然性的把握。在"思维与存在是同一的"这个命题中，存在不是独立于思维之外的状态，它只有被思维把握住才能显示它的存在。后世海德格尔对存在和存在者的区分及语言转向之后对语言和存在的关注都可以在巴门尼德的这句话中找到萌芽或线索。

（三）柏拉图

柏拉图没有专门关于同一性的论述，不过根据他的理念说（或共相说），事物之所以能进行分类是由于同类事物具有同一的性质。只不过这种同一性无法被感官感知，它独立于具体物而存在，不同的事物是由于分有共同的理念才具有的同一性。

（四）亚里士多德

作为古希腊哲学的集大成者，亚里士多德对同一性有深入的论述，他将同一表述为"一切真实的（事物）必在任何方面与其自身始终如一"。在这里，亚里士多德将同一看作一切存在者的

---

① 汪子嵩，等. 希腊哲学史：第 1 卷［M］. 北京：人民出版社，1988：634.

存在方式，存在者以是其所是的方式保持其存在。但在实际的研究中，据陈治国分析，亚里士多德"'所是'即'是什么'（what it is）的存在论研究，'是什么'的问题旋即被转化为对'是'（being）的研究，并进一步归结为'实体'（ousia/substance）的研究，因为只有当一个事物'是'，人们才可能询问它'是什么'，而'是'有多重含义，'实体'被看作是不同种类的'是'的第一含义或中心含义。在进一步的展开过程中，关于'实体'的研究又转化为'本质'（essence）或'形式'（form）的研究"①。

在同一性的研究史上，亚里士多德是一位承前启后的人物，他一方面对先前的研究做了总结，更重要的是奠定了后世研究同一性的框架和路数。

二、近现代时期

（一）莱布尼茨

17 世纪西方理性主义的代表人物莱布尼茨关于同一性的论述被后世称为莱布尼茨定律（Leibniz's law），用文字表述是：只要两个事物在任何时候都能相互替换而不改变其真值；用公式来进行表述是：对于任何东西 x 和 y，x 等同于 y 当且仅当 x 和 y 具有一样的性质。即当 x 和 y 具有一样的性质时，x 和 y 被认为是等同

① 陈治国. 海德格尔论同一性问题——以《同一律》为中心［J］. 安徽大学学报（哲学社会科学版），2013（1）：20-21.

的，也就是同一的。同一性在莱布尼茨那里指的是性质或属性的同一。

（二）康德

康德在论述分析判断和综合判断的时候对同一性有非常深入的论述，他认为一切分析命题都是按照形式逻辑的同一律做出的："分析的（肯定性的）判断是这样的判断，在其中谓词和主词的连接是通过同一性来思考的，……是说明性的判断。……（分析判断）通过谓词并未给主词概念增加任何东西，而只是通过分析把主词概念分解为它的分概念，这些分概念在主词中已经（虽然是模糊地）被想到过了。"① 综合判断有别于分析判断，它的谓词和主词之间不是由同一性来联结的，谓词在主词之外增加了新的内容，它是对主词内容的扩展，康德称之为"扩展性的判断"，"（综合判断）则在主词概念上增加了一个谓词，这谓词是在主词概念中完全不曾想到过的，是不能由对主词概念的任何分析而抽绎出来的。"② 康德关于分析判断和综合判断的论述对于我们理解主词和谓词之间关系及在何种情况下二者保持同一性有重要的启示。

（三）黑格尔

黑格尔关于同一问题的论述主要集中在《小逻辑》和《精神

---

① 康德．纯粹理性批判［M］．邓晓芒，译．杨祖陶，校．北京：人民出版社，2004：8.
② 康德．纯粹理性批判［M］．邓晓芒，译．杨祖陶，校．北京：人民出版社，2004：8.

现象学》，他把同一与对立、差异、矛盾放在一起来谈。同一在黑格尔那里并不是单纯的一物与其自身的同一，而是在对立、差异、矛盾斗争中的同一。黑格尔对同一的看法也贯穿着他的辩证法思想。黑格尔把同一分为抽象的同一和具体的同一。所谓抽象的同一，指的是消除差异和矛盾的固定、僵化的同一；具体的同一则是把矛盾和差异包容于自身之内，同一事物在自身之内包蕴着矛盾双方的相互转化。理解黑格尔意义上的同一离不开对立，对立和同一不是在事物之外，而在事物自身之内。对立指的是矛盾双方相互分离，同一指的是矛盾双方相互依存，无法分离。这种既相互分离又无法分离的状态构成了事物内部的矛盾运动。简单来说，黑格尔是从事物内部矛盾双方的对立与同一的框架内理解同一性的。①

　　黑格尔认为表示普遍思维规律的同一律——表示为 A 等于 A 或 A 不可能同时是 A 又是非 A，"不过是抽象的知性的规律，而不是真实的思维规律。"② 在黑格尔看来，A＝A 只是抽象形式的缺乏实际内容的知性的同一，这种同一等于同义反复，对于认识事物及科学研究都没有实质的意义。实际的精神运动过程，如果仍借用 A＝A 的形式来说，并不是没有中介的直接从 A 到 A，即从自身到自身，而是经由自身分离转化出的非 A，再回到自身的

---

① 黑格尔．哲学科学全书纲要：句读本［M］．邓晓晨，译．北京：人民出版社，
2017：2-3.
② 黑格尔．哲学科学全书纲要［M］．薛华，译．上海：上海人民出版社，2002：
55.

一个过程。这里的非 A，是以否定的形式出现的精神自身，它不在 A 之外，而就在 A 自身，是 A 自身的特殊内容。最后经过矛盾双方的对立与同一的正反合的过程，精神在一种更高的意义上回归了自身。这是黑格尔意义上的精神自我的同一，在这个过程中"精神存在的抽象性与确定性、一般性与具体性之间的张力就在时间展开的过程中，经由扬弃（Aufhebung）而化解，从而在一种包容了差异与对立的整体性中实现了自身的同一，获得了一种辩证的、间接化的、中介的综合和统一"①。经过了这样一番运动之后，精神自身便不单单是之前单纯的知性意义上的一物与其自身的同一，而且是经由非 A 这个中介，增加了内容，同时又回到自身的同一。黑格尔认为这个过程是达到绝对真理的必经阶段。

（四）阿多诺

阿多诺认为在现代哲学史中，同一性一词有四种意思：一是个人意识的统一，"一个'我'在它的所有经验中都是同样的"。二是指逻辑的普遍性，这个意思上的同一性指"在一切合理的本质上同样合法的东西的即作为逻辑普遍性的思想"。三是指"每一思想对象与自身的等同，简单的 A = A"。四是指"认识论上……主体和客体和谐一致，不管它们是如何被中介的"。阿多诺还对逻辑的普遍性与个别的同一性关系进行了论述。个体的我只有依据个别的同一性才能保持自身，没有个别的同一性，思想

---

① 陈治国. 海德格尔论同一性问题：以《同一律》为中心 [J]. 安徽大学学报（哲学社会科学版），2013（1）：23.

的普遍性就无法成立，也就是"个别的同一性……以逻辑的普遍性为先决，它是一种思想的要求"。逻辑的同一性表现在意识领域，它要求每一思想对象与自身的等同，反过来说，"意识统一性本身是逻辑同一性的反思形式"①。

（五）弗雷格

现代分析哲学的先驱弗雷格在他的著作中讨论了相等（e-quality）的问题。在《论意义和所指》中，他举 a=a 和 a=b 的例子来说明："前者是先天有效的，……后者则常常包含着对我们的知识极有价值的增益，而且不可能总是先天地确定的。"② 这里 a 和 b 都是符号，在具体例子中都实有所指。

一物与自身同一，用符号表示是 a=a。按弗雷格的分析，如果"假定 a=b 是真的，a=b 和 a=a 似乎就不可能有所区别了"。所以弗雷格认为"我们用 a=b 所要陈述的显然是'a'和'b'这两个符号或名字指称同一个东西，我们要讨论那些符号本身，要断定它们之间的一种关系"③。在同一性问题上，弗雷格认为它应该被理解为关系，并且"这种关系当是以每个符号与所指的同一个东西的联系为中介的"。

（六）维特根斯坦

现代语言哲学奠基者维特根斯坦在其前期的代表作《逻辑哲学

---

① 阿多尔诺. 否定的辩证法［M］. 张峰，译. 重庆：重庆出版社，1993：139.

② 弗雷格. 论意义和所指［M］//陈启伟，译. 陈启伟. 现代西方哲学论著选读. 北京：北京大学出版社，1994：296.

③ 弗雷格. 论意义和所指［M］//陈启伟，译. 陈启伟. 现代西方哲学论著选读. 北京：北京大学出版社，1994：297.

论》中也有关于等同（同一）的论述："对象的等同（identity），我用指号的等同（identity of sign）而不用等同的指号（a sign for identity）来表达。对象的差异则以指号的差异来表达。"① 这里指号的等同是指用相同的符号，等同的指号指的是"＝"。按维特根斯坦的观点：所谓对象的等同，指的就是指号的相同，而不是用"＝"（符号）把两个对象关联起来。

维特根斯坦之所以会有这样的看法，是因为他所谓的同一，不是对象间的关系——这个对象无论是一事物与其自身，还是两个不同的事物。维特根斯坦的理由是："说两个事物是同一的，是无意义的，而说一个事物是自身同一的，则全然无所说。"② 说两个不同的事物之间是相同的，这种说法本身就自相矛盾，所以是无意义的。说一事物与自身同一，则是无意义的同语反复。

（七）海德格尔

海德格尔关于同一性的论述集中于他的一篇收入《同一与差异》的演讲，这篇演讲是海德格尔 1957 年 6 月 27 日在纪念弗莱堡大学 500 周年校庆时做的。下面就考察一下他对于同一性的思考。

海德格尔首先从 A＝A 的同一律公式开始谈起。一般认为，作为形式逻辑基本规律之一的同一律说的是"A 与 A 的等同性。

---

① 维特根斯坦. 逻辑哲学论 [M]. 韩林合，译. 北京：商务印书馆，2013：85.
② 维特根斯坦. 逻辑哲学论 [M]. 韩林合，译. 北京：商务印书馆，2013：85.

一种等同至少包含两方。一个 A 等于另一个 A"①。海德格尔通过回溯同一这个词的希腊语源，认为柏拉图在最初论述同一时"不只是说：'每一个本身都是同一的'，而是说：'每一个本身对它自己来说都是同一个'"。通行的对同一律的解释"恰恰掩盖了这个定律所要说的东西：A 是 A，即每个 A 本身都是同一的"②。他认为"表示同一律'A 是 A'的更适当的公式不只是说：每一个 A 本身都是同一的，它毋宁是说：每一个 A 本身都是与它自己同一的"。这两种表述有什么区别呢？海德格尔认为"在同一性中有一种'与'（mit）的关系，也就是说有一种中介、一种关联、一种综合：进入一种统一性之中的统一过程"③。同一是统一性中的统一，而非没有内容的单调空洞，这是海德格尔同一性论述的要点。海德格尔认为的同一性，不是可替换意义上的属性相同，不是关系的同一，也不是对象间的同一，那这个同一应作何理解呢？

海德格尔是从存在主义现象学的角度来思考同一性问题的。经过黑格尔对同一性的思考，同一性由之前的抽象、静止、空洞的同一转化为有中介的综合的同一，同一被理解为经由中介和运动的同一。在此基础上，海德格尔认为同一性"并不是仅仅涉及

① 海德格尔.同一律［M］//陈小文，译.孙周兴.海德格尔选集：上、下.上海：上海三联书店，1996：646.
② 海德格尔.同一律［M］//陈小文，译.孙周兴.海德格尔选集：上、下.上海：上海三联书店，1996：646.
③ 海德格尔.同一律［M］//陈小文，译.孙周兴.海德格尔选集：上、下.上海：上海三联书店，1996：647.

存在者的存在或真理，而且同时关涉到思想"。理由是："如果存在者不被思想为它所是的东西，存在者也就不能作为它所是的存在者而明示或显现出来，换句话说，就不能达到自身的存在或真理。"① 海德格尔反对传统形而上学意义的同一性，那种同一性认为同一性隶属于存在者的存在，存在者的存在又是独立于思想的实体，在它存在的过程中与主体发生关联并为思想所把握。据陈治国的分析，这种理解框架最典型地体现在笛卡儿的心物两分或思与在的关系论述中。在这个理解框架之下，"一方是思想之物，另一方面是被思想之物"，海德格尔认为这种把思想与存在割裂开的思维方式无法把握到思想与存在（包括人）最本真的关系。

海德格尔主张接续上巴门尼德对同一性的思考。巴门尼德认为"思想和存在是同一的"，同一的是思想和存在，是思想和存在被纳入同一之中，而不是存在依据同一被纳入思想之中。这两种思考路径的区别在于如何理解"共属性"。一种理解是："如果我们按照习惯来思这种共属，那么这一词的重音所表明的东西，即'属'的意义，只能从'共'亦即从'共'的统一性那里得到规定。在这种情况中，'属'的意思如同：被归入、被归整到一种共的秩序中去，被设立在一种多样的统一性中，通过一种决定性的综合的统一中心的中介作用，统排到系统的统一性中去。

---

① 陈治国.海德格尔论同一性问题——以《同一律》为中心［J］.安徽大学学报（哲学社会科学版），2013（1）：24.

哲学把这种共属表象为相联和联系，表象为一方与另一方的必然联系。"① 另一种理解是："共属也可以被思为共属（重音在后一个字，作者注）。这就是说，'共'现在是从'属'中得到规定的。"这个思路还需回答这样的问题："'属'的意思是什么，它本己的共又是如何从它那里规定自身的。"海德格尔主张依循着第二个入思，颠覆之前思考的路线，即"不再从共的统一性中来表象属，而是从属那里来体验这种共"②。坚持从属那里来思入共，海德格尔认为必须思考有关人和存在的共属。思考这个问题在逻辑上就必须要求回答"何谓存在？人是谁，或者说，人是什么？"因为"如果不对这个问题作出充分的回答，我们就没有了一个基地，即我们借以澄清关于人和存在之共属的某种可靠的东西的一个基地"③。

先来看人，在海德格尔看来，人作为某种存在者的特殊之处在于"作为思维动物，他向存在敞开并被摆到存在面前，与存在相关联并因此与存在相呼应"。海德格尔进而认为"人本来就是这种呼应的关联，并且只是这种呼应的关联。……在人那里有一种对存在的归属，这种归属倾听着存在，因为它被转让给存在了"。再看存在，海德格尔认为，存在就是"使人在场"，"存在

---

① 海德格尔. 同一律［M］//陈小文，译. 孙周兴. 海德格尔选集：上、下. 上海：上海三联书店，1996：650.
② 海德格尔. 同一律［M］//陈小文，译. 孙周兴. 海德格尔选集：上、下. 上海：上海三联书店，1996：650-651.
③ 海德格尔. 同一律［M］//陈小文，译. 孙周兴. 海德格尔选集：上、下. 上海：上海三联书店，1996：651.

使人在场，这既不是附带的情况也不是例外加进的情形。存在成
其本质并持续着，只是由于存在通过它的呼求关涉（angeht）到
人。因为只有为存在而敞开的人才让存在作为在场而到来。"① 在
这种在场中"人和存在相互转让。它们相互归属"②。海德格尔认
为人和存的共属关系比人和存在更基本，在同一问题上应思入
到此一层面。

接下来的一个问题是：人和存在如何才能投宿到共属关系之
中，海德格尔认为需要"我们自行脱离表象性思维的态度。这种
自行脱离是一种跳越（Sprung）意义上的跳跃（Satz）"。那么跳
到什么地方去呢？"跳到我们已经被允许进入的地方，即对存在
的归属之中。"③ 在海德格尔那里，存在和人是相互归属的："存
在本身归属于我们，因为只有在我们这里存在才能作为存在而成
其本质，也即在场。"④ 接下来，要紧的是"纯朴地经验人和存
在在其中得以被相互拥有的这种居有（Eignen），即投宿到我们所谓
的本有（Er-eignis）之中"。那何谓本有呢？海德格尔认为"本
有"如同希腊的逻各斯和中文的道一样不可译。"'本有'一词在
这里的意思不再是我们通常所谓的事情、事件。……本有乃是于

① 海德格尔. 同一律［M］//陈小文，译. 孙周兴. 海德格尔选集：上、下. 上海：上海三联书店，1996：652.
② 海德格尔. 同一律［M］//陈小文，译. 孙周兴. 海德格尔选集：上、下. 上海：上海三联书店，1996：652.
③ 海德格尔. 同一律［M］//陈小文，译. 孙周兴. 海德格尔选集：上、下. 上海：上海三联书店，1996：653.
④ 海德格尔. 同一律［M］//陈小文，译. 孙周兴. 海德格尔选集：上、下. 上海：上海三联书店，1996：653.

自身中回荡着的领域，通过这一领域，人和存在丧失了形而上学曾经赋予它们的那些规定性，从而在它们的本质中相互通达，获得它们的本质的东西。"① 对人和存在在它们的本质中相互通达，获得它们本质的东西，陈治国有深入到位的解说："这就是说，本有是最切近于人的场所，它把存在与人导向各自所从属的东西：存在抵达于人，使人这种思想着的存在者存在起来，而人又把存在据为己有，以使存在在场。但是，人和存在在其中并没有消弭于无形，而是仍然各自持守，各归其本。"②

最后，海德格尔得出结论："对这种（思想和存在的）同一的意义的追问就是对同一性的本质的追问。形而上学学说把同一性表象为存在的一个基本特征。现在我们看到：存在与思想一道归属于一种同一性，这种同一性的本质源于那种让共属。我们把这种让共属叫作本有。同一性的本质就是本有的一个所有物（Eigentum）。"③

经过海德格尔的一番深入思考，同一律就从"最初表现为一个基本定律的形式"转变为"一个具有跳越（Sprung）特性的跳跃（Satz）"，跳入的地方"既不是空洞的虚无，也不是幽暗的迷乱，而是本有。在本有中回荡着那个作为语言而言说的东西的本

---

① 海德格尔. 同一律 [M] //陈小文，译. 孙周兴. 海德格尔选集：上、下. 上海：上海三联书店，1996：656-657.
② 陈治国. 海德格尔论同一性问题——以《同一律》为中心 [J]. 安徽大学学报（哲学社会科学版），2013（1）：26.
③ 海德格尔. 同一律 [M] //陈小文，译. 孙周兴. 海德格尔选集：上、下. 上海：上海三联书店，1996：658.

质；而语言，一度被我命名为存在之家"。"只要我们的本质归本于语言，那么我们就居住在本有中。"① 这让人想起海德格尔的名言"语言是存在的家（寓所）"，语言，在海德格尔那里就是存在的家。在思中，在语言的思中，人作为思的存在，而不仅仅是作为存在者的思，人作为存在者的本质得以显现。

第三节　同一性与意象

上节简要介绍了西方从古典时期到近现代关于同一性的几种主要理论。其中巴门尼德关于思维与存在的同一、黑格尔绝对精神在自我运动中的同一、弗雷格命名与指称的同一、维特根斯坦关于语言设置的同一及海德格尔的同一是本有的一个所有物，人与存在在语言之中相共属的观点比较重要。那么这里的同一性与意象问题又是如何关联起来的呢？下面着重从符号与语词同一性角度阐述一下。

一、符号的同一性

语词作为一种符号，具有经验的属性：这个符号被什么人怎样发出，被在什么时间用什么工具在什么材质上书写，其显现的

---

① 海德格尔. 同一律［M］//陈小文，译. 孙周兴. 海德格尔选集：上、下. 上海：上海三联书店，1996：658.

形态都会有所差异。一方面我们承认这些符号有所不同，另一方面我们也承认这些符号就是同一个符号。这是不是有些矛盾或不融洽？同时这也是同一性问题耐人寻味的地方：一个意义上说它"不是"，另一个意义上又说它"是"。既"不是"又"是"，既"是"又"不是"，这构成了语词符号与意义之间深层次的辩证统一。这一点在语言中也有所揭示，以弗雷格的"暮星（长庚星）是晨星（启明星）"为例："'是'的全部意义显然是：既'是'又'不是'。它一方面肯定了暮星与晨星在天文学对象意义上的完全一致，又含有暮星的空间方位不同于晨星的意思。"① 把上面的问题转换一种表述就是：语词符号背后的同一性是如何保证的？如果得不到满意的解答，那关于同一性的言说就会陷入非常尴尬的境地。

让我们先设想符号 A 没有经验属性，那会是什么情形呢？没有经验属性便无法被人所感知，不能被感知则无法被谈论。在这里，我们貌似遇到了一个左右两难的难题：A 作为符号，既不能没有经验属性，否则无法被感知，也无法被谈论；也不能有经验属性，因为每一次被说出或写出都会有所不同。那问题出在什么地方呢，出在对符号同一性的理解上。对符号同一性，不应从符号的经验属性层面来理解。一个简单的理由是：如果坚持符号经验属性的同一，则不会有符号的同一。

---

① 吴锱，陈亚军. 对弗雷格《论意义与所指》中"="的分析［J］. 南京理工大学学报（社会科学版），2003（1）：41.

在符号同一性的论证中，不能靠引入第三个符号变量来解决，原因在于：本来是想论证两个符号的同一，如果需借助第三个符号，那还需论证前两个符号分别与第三个符号同一，而这又回到了论证的起点：两个符号的同一性。所以靠引进第三方符号来论证两个符号同一的进路是失败的。实际在上面符号经验属性的同一性述说中就已经涉及了这个问题。

维特根斯坦在《逻辑哲学论》中关于简单指号的论述或许可以给我们以启发。在论述指号的同一性时，维特根斯坦就径直来了一个断语"'A'与'A'是同一个指号"。维特根斯坦之所以只给出了一个断言，而没有给出论证，主要的原因还不是他只写结论不给论证的写作风格，而是因为符号的同一性在根本上是没法说的。符号的同一性是可以有效言说的前提或曰背景，我们可以依之有所说，但它本身却是无法说的。

这里还有一个重要的关节点，语词符号的同一性并不是就它自身有所说，而是论及的语词与对象之间的关系。维特根斯坦在《逻辑哲学论》中对此有所论述："名字意谓对象。对象是它的意谓。（'A'与'A'是同一个指号。）"① 对为什么"A"与"A"是同一个指号，黄敏的笺释是："依据其所指称的是同一个客体。'A'与'A'在物理上不同，但就指同一个客体而言，它们是同一个名称。"② 对这个问题，李大强的解释可能更加清晰："'A'

---

① 维特根斯坦. 逻辑哲学论［M］. 韩林合，译. 北京：商务印书馆，2013：203.
② 黄敏. 维特根斯坦的《逻辑哲学论》——文本疏义［M］. 上海：华东师范大学出版社，2010：88.

与 'A' 明明是不同的，而我们将之视为同一的。二者的不同是经验层次上的不同，但是我们在第三个层次上规定它们是同一的。""换言之，符号的同一性只是我们的承诺。"① 只有有了对于符号同一性的这种承诺，我们才能对客观物象、外在世界有所言说，并且保证了是有意义的言说。

二、语言设置的同一

昨天看到一棵树，说"这是一棵树"。明天看到这棵树，说"这是昨天的那棵树"。什么确保了昨天看到的和今天看到的是同一棵树？是主体对树的印象吗？是每次见到树，都需通过感官收集关于树的信息，然后通过大脑的加工复认出这是昨天的那棵树吗？

以经验的维度来看，树每时每刻都会有不同，感官对其的印象也会有所差别。如果这样来看的话，那昨天的树和今天的树就不是同一棵树，但生活的常识告诉我们：这棵树明明就是昨天的那棵树。这到底是怎么一回事呢？

如果不把语言看作反映它所对应的现实，比如，"树"这个词对应现实中的树，而是把语言看作言说现实的一套设施，那这个看似矛盾的问题就不会再造成困扰。为什么说语言不是和现实对应的是一个非常复杂的理论问题，这里只简单说一点：现实中

---

① 李大强. 寻找同一条河流——同一性问题的三个层次 [J]. 社会科学辑刊, 2010 (2)：25.

的树是有四季变化的，而"树"这个词没有。如果说语言和现实对应，那"树"这个词对应着哪个季节的树？实际情形是：语言中有"树"这个词，我们学会了一种语言，也就学会了用这个词来言说现实中与树有关的一切。在一个意义上，并不是先有了现实中的树，后有了言说它的语词，而是先有了"树"这个语词，才可以对现实有所言说。"词就是关系，词是物与物之间的关系。……语言就是事物的区别和勾连。"① 这又关联到关于同一性的一个很深的误解：我们不是经过感官信息的处理把现实世界中某种形状的东西归类到"树"这个抽象同一的概念之下，而是先有了"树"的自身同一才能说出"这是树"。当说出"这是树"时，是以同一性为深层依据的言说或者说，正是因为有了同一性做基础，才可以有效说出"这是树"。如果再以它为出发点，思考树与形象或表象的同一性，就是倒果为因的错误操作，注定得不出什么有价值的结论。

"在本体论上（语言设置上）的那个同一者，根本不是一个此刻和彼刻相同的东西，而是一个 as such 的设置而已。"② 也就是上文谈到的符号的同一性只是我们的承诺的观点。只有在这个意义上理解同一性才是正道：并不是现实事物中确有两物完全相同，然后用语词去指称存在的同一关系，而是因为语言中有表现同一性的诸多手段，比如，"同一""相同""一样"等词，我们

---

① 陈嘉映. 语言哲学 [M]. 北京：北京大学出版社，2003：395.
② 陈嘉映. 语言哲学 [M]. 北京：北京大学出版社，2003：355.

才可以言说现实中的同一。在事实的同一和语言设置的同一中，后者，而不是前者，更有优先性。更准确一点应该这么说，在事实层面上的同一只是语言误用后造成的一种错觉。这是非常重要的一点，也是本书要着力澄清的。

从这个思路也可以回答关于一物的"同一"同到什么程度，或一物变到什么程度不再是它自身这个问题。这里的关键点不在于客观事物如何变、变到什么程度，而在于我们谈论它的方式。以上面的例子来说，如果对象是一棵树，有谈论它的各种方式，比如，树根、树干、树枝、树叶等。如果用这棵树做原料做成家具，那我们在谈论它的时候就是把它当成家具来谈论的，比如，它的用料、用途，等等。由于它的实体存在的方式发生了变化——由树变成了家具，我们谈论它的方式也就相应地发生了变化。"我们不是在谈本质特征和偶然特征，我们是在谈论本体论的模式。"① 这个本体论的模式，不是由形而上的玄虚构成的，而是语言的各种不同功能的设置。有了语言中的这种种设置，我们才可以用不同的方式来言说这个世界。

最后来说一下传统文化中的"月亮"意象（暂且这么说）。一方面，月亮作为飘浮在天空中的一个球体，从古到今，在实体的层面上可能会有若干变化，但这些变化并未显现在月亮的指称上，也就是我们用"月亮"这个词谈论的还是同一个月亮，它的所指并没有变化。另一方面，月亮虽然还是那个月亮，但由于不

---

① 陈嘉映．语言哲学［M］．北京：北京大学出版社，2003：355．

同作者在不同的心境下写过不同的月亮——比如，它的阴晴圆缺、故事与传说，故后人在谈起月亮的时候，在存在论的意义上，它的意蕴比之前更丰厚了。

第四节　意象的理解

这一节主要谈一下意象的理解。在谈意象的理解之前，先一般性谈一下关于"理解"的理解，包括为什么要理解这个较少被论及的问题。然后重点从反面谈一下理解不是什么，在这个过程中辨析易犯的错误，澄清那些在理解问题上似是而非的见解。

一、为什么需要理解

谈及理解问题，在逻辑上具有优先性的一个问题是：为什么需要理解？这个问题换一个问法或许更恰当：理解能带给我们什么？这两个问题并不完全等同，但大致表达的是同一个意思，且第二个问题的提法更优一些。

为什么需要理解？这是一个奇怪的问题，说它奇怪是因为我们平时不会这么问、这么想。我们生在天地之间，能正常生活、与人交往，在这个过程中天然就包含了理解。有了理解才能正常工作和生活。当然，生活中不尽是理解，也有误解，但误解之所以可能的一个前提仍是有理解，否则没有理解，根本无所谓误解。如果生活中处处都是误解，而不是理解，那这个社会根本无法正常运转。在这个意义上，社会中的每一个人，尽管他可能没有清晰地意识到，其实理解每时每刻都在发生着。正因为如此，人又身处其中，所以多数人会觉得谈为什么要理解会显得很突兀。每时每刻的理解是最宽泛、广义的理解，同时也是最内在和直接的理解。正是有了这个根基层次上的对世界的理解，我们才得以建立人类的文化和艺术，并能有效地谈论它们。这个意义上的理解，用存在主义的术语来说是存在者先天就已在世界之中，并自我领会着存在，存在借此在的领会也得以显现自己的存在。诠释学理论中的前理解或先理解与此类似，但也有区别。诠释学中的前见或先见说的是在理解文本之前作者就已有的某种理论、观点或看法，强调的是所有理解都需带有某种程度的前理解。上述意义上的理解比诠释学的前理解还深一层，强调的是人在世界中存在就已处于理解之中，还没到在世界的基础上建立文本并诠释它那一步。

维特根斯坦对理解问题有非常深刻独到的论述，在他那里，最深层的理解可以从两个层面来说：第一个层面是遵从规则。维特根斯坦意义上的规则，不是如交通规则、算术规则等用条理的文字总结出来的明面上的规则，而是编织交融在生活中的那些并不为人明确意识到的规则。这里也不宜用与明面规则相对应的潜规则。如果潜是潜藏在生活之中的，还勉强能说得通；如果潜指的是没明说出来，则与维特根斯坦对规则的理解有所偏差。维特根斯坦意义上的规则是与行动、实践不可分离的。遵从规则就是按照规则去做事，"我遵从规则时并不选择。我盲目地遵从规则"①。第二个层面是说对语言的直接理解。生活在社会中的人对语言有一种自然的、近乎本能的理解。关于人类是不是有一种语言本能，这是一个悬而未决的问题，此处暂不过多讨论。但在人类社会中有一种现象是普遍存在的：凡身体、智力发育正常的小孩到了一定年龄，一般一岁半左右就会自然而然地说话，也就是习得了一种母语。凡习得了一种语言的人，对这种语言就有一种直接的、近乎本能的理解，而且这个理解与他对自身存在的认知密切相关。这在翻译的情形中能明显地体现出来。如果不懂某种外语，经人把它翻译成母语，一般就能被直接理解了。当然也有不理解或理解不了的时候，不过那不是因为不懂母语，而是因为他缺少相应的知识背景，也就是如果补足了相关知识，就可以正常理解了。一种相反的情形是如果在远离人群的孤立环境中长大，一个人根本不会说话。即使在长大后被带入人类社会，因为错过了语言学习的黄金年龄，语言学习对他来说仍是极为困难的事。

维特根斯坦在《哲学研究》中有几节涉及直接理解。在第一节，维特根斯坦以"五个红苹果"为例，具体讨论了语言的用法。在谈到"五"这个词是如何起作用的时候，维特根斯坦

---

① 维特根斯坦．哲学研究［M］．陈嘉映，译．上海：上海人民出版社，2005：99.

有一个直截了当的回答："那我假定他就是像我所描述的那样行动的。任何解释总有到头的时候。"① 维特根斯坦的意思是说：追问"五"到底是如何被人掌握的这件事，不是没有尽头的，也就是到最后就不需要解释或者说直接理解了。那为什么是这样，这又和他关于遵从规则的论述密切相关："'我怎样能够遵从一条规则？'……如果我把道理说完了，我就被逼到了墙角，亮出我的底牌。我就会说：'反正我就这么做。'"② 解释到最后是没有办法继续解释的，这时需要的不是解释，而是行动。这个行动是遵从规则的行动，行动的过程和语言的理解是不可分离的同一个过程。这里，语言不是独立于行动之外的，语言就是人类经验的组织形式，在语言之上结晶着人类对世界的理解。

我们对世界的理解是经由语言实现的，在这里语言并不是工具和媒介，而是本体。这里所说的语言，包括但不限于狭义上的字词语言，数学语言、音乐语言、建筑语言、舞蹈语言等在这个意义上也是以各自独特的方式对世界的成象或显示。一方面，我们通过这些语言达乎对世界的理解；另一方面，这些语言本身就是对世界的理解。可以这样说，语言有双重属性：一个意义上它是工具，经由它，我们达到对世界的理解；另一方面它本身就是

① 维特根斯坦. 哲学研究［M］. 陈嘉映，译. 上海：上海人民出版社，2005：1.

② 维特根斯坦. 哲学研究［M］. 陈嘉映，译. 上海：上海人民出版社，2005：98.

143

理解，在它身上凝结着人类对世界的理解。这里是就语言的整体来说的，实则各种语言之间相差很大，比如，字词语言和数学语言，故不可笼统地一概而论。

二、理解不是内在过程

上文谈到了理解是在语言使用中表现出来的一致，这是在基础层面上的理解。下面再从反面来简单谈一下理解不是什么。由于理解经常被误认为是一种内在过程，特别是一个心灵过程，所以下面将从这个角度入手澄清关于理解的认识误区。

心灵过程一般指的是心脏和大脑的活动。理解与心灵过程有什么关系呢？理解是不是一种独特的心灵过程？在前面意与作为伴随物的象一节讨论到了二者之间的关系，那里作为伴随过程的象就包括这里所说的心灵过程。那里的结论也可以直接移用过来，简单地说就是：理解可能包括某种心灵过程，但单独的心灵过程并不足以保证理解的发生。这个看法与维特根斯坦研究专家哈克对于理解的看法是一致的，"体验不是理解，而是理解的伴随物，对体验的描述也不是对理解的描述。……体验对理解来说既不是必要的，也不是充分的。理解的标准在于执行，而不在于体验。"[1]

如果说心灵过程和理解有什么关联，那我们也应从心灵过程

---

[1] BAKER, G. P., HACKER, P. M. S. Wittgenstein: Understanding and Meaning [M]. Blackwell Publishing, 2005: 368.

中移开，把关注点放在心灵过程的外部现象或周边情况。在《哲学研究》中，维特根斯坦以展开数列为例讨论了何谓理解了这个数列，"当他忽然知道怎么继续下去，当他忽然理解了那个规律，他也许有一种特殊的经验"，比如，标识出理解特征的心灵过程，他可以描述那种体验，"但对我们来说，那使得他在这样一种情况下有道理说他理解了、他知道如何继续了的东西，乃是他具有这样一种体验时所处的周边情况。"① 具体到数列这个例子，他掌握了规律的标准就是能正确地展开，在这个过程中无论他心中有什么样的心灵过程和外部举止，都不是判定他理解数列的充分依据。

如果理解不是心灵过程，那理解是什么呢？除了上文所提及的规则遵从一致意义上的理解，还有没有更具体一点的规定呢？焦卫华对这个问题有更进一步的论述，他认为："理解了一个东西不是拥有了什么样的心灵过程，而是看到了这个东西呈现的种种面相，下一次能够在相似的周边环境中遭遇它时知道如何和它打交道，即知道在与其相关的语言游戏中如何使用它。"② 焦卫华所谓的面相指的是某个东西在不同场景下呈现的意义，如果理解了事物就要能把握住它的不同面相，知道在周边情况下它到底表达了什么意思。如果把上面这个意思说得更浅显一点，那就是看

---

① 维特根斯坦. 哲学研究［M］. 陈嘉映，译. 上海：上海人民出版社，2005：169.

② 焦卫华. "综观"与"面相"：后期维特根斯坦哲学存在论解读［M］. 北京：人民出版社，2014：144.

到一事物与其他事物之间的复杂、多变的联系。具体到意象的理解上，不应只满足于个人主观对其的一些看法，更应深入历史之中，在尝试还原当时大的文化语境的前提下，对意象做出更全面和深度的意义阐释。

结　语

这部论著主要做了以下几个方面的工作，概述如下：

一、对意象内涵的梳理

重点梳理了袁行霈、陈植锷、蒋寅、敏泽（钱锺书）对意象的定义，在这其中又以袁行霈和敏泽（钱锺书）的最为紧要。袁行霈的意象说（意象是客观物象与主观情意的交融契合）构成了进一步讨论意象问题的起点。敏泽（钱锺书）对意、象的辨析及古代意象的论述不同于通常的从主客观两方面对意象的界定，杨明也在自己的研究中得出了与钱锺书同样的结论。关于意象，不只有意，或不只有象，而是意中之象，象中含意，早先关于意象的论述并不等同于后世文论和美学意义上的意象概念。以上梳理对澄清意象概念有很大的帮助。关于钱锺书还有重要的一点需要提及，那就是他对《易》之象与《诗》之象异同的精彩辨析，它对我们弄清意和象之间的关系以及到底何谓意象很有启发意义。

二、对境与三境关系及意境与意象关系的论述

境常用之来指自然风物。用来指自然风物的境是如何构成物境、情境和意境的呢？这里的相关讨论主要受惠于查正贤关于一篇"境"的论文的启发，主要观点如下：只简单用语词罗列出单个的自然风物并不足以构成物境，还需要把它与周围的景物并置在一起，并通过一定的逻辑次序，连带着作者的感受用语词表达出来才算构成了物境。这个原则在情境那里同样适用。在一个意义上可以说物、情、意是一体的，在描写物境、展现物境的同时，情境和意境也就都有了。

在意境的研究上，笔者认同罗钢对意境问题的研究成果。意境，特别是王国维意义上的意境，不是自中国本土的理论资源中生长出来的，而是借鉴了德国近代美学，特别是叔本华美学而建构起来的。德国美学关于主观与客观的统一、感性与理性的统一的观点为意境说奠定了理论基础。这个结论实际用在意象概念上也同样成立。意象概念之所以能在近现代之交的文论转型中同意境概念一道在众多的古典概念中脱颖而出，其背后的理论原动力就在德国美学中关于主客统一的论述。在此基础上，笔者赞同意象和意境的区别主要是小和大、部分和整体的区分。在这点上比前人推进的地方是：认为意象和意境这两个概念是相互依赖的，各以对方的成立为前提或要件。有意境，就可以说有意象，但有意象，不一定是意境。境是比象更高一级的概念，它关涉艺术的

148

表现形式等问题。

三、对语象的研究及对意和象的关系辨析

语象早在 20 世纪 80 年代就被赵毅衡经由新批评引入中国学界，但很长一段时间此概念湮默无闻。在新世纪语言转向的前提背景下，语象概念重又获得学者的重视和青睐。不过对语象的研究，不同的学者人各言殊，对其界定并未局限在赵毅衡的一家之言上。本书对语象也有自己的定义：语象是具象语词在头脑中唤起的与之相应的事物形象。之所以会如此定义，其背后的理论基础是语言中意和象的关系。简单来说结论就是：象对于意的实现或达成不是必需的，或者说意的实现并不一定通过象，但象作为激发与语词相关的想象并进而关联到事物本身从而促成意的实现具有补益作用。

四、意象与语词关系的研究、语言成象及对现实的反映

在意象与语词的关系上，主要有这么几种观点：（1）意象附着于语词，语词就是意象。（2）语词是意象的载体。正文中对这两种观点进行了质疑，主要的一个理由是：单个的语词无法和作为概念的意象匹配，语词只有放在陈述关系中，或者作为材料参与到诗歌意象的创造最后才能生成意象。语词和意象分属概念的不同层次，出现在诗词中的意象不是作为其承载者的语词的概念意义，而是与作者情感有共通关联的语词的象或其他附属属性。

意象的达成或实现需要一定的媒介，这个媒介就是语言以及与语言相伴随的象。这个意思反过来说就不成立，语言以及与之伴随的象并不就是意象。语词只有在一定的聚合关系或陈述关系中才能表达一个完整的意思。

本书从信号与语言、意义与意思、对应与分析的角度对语言的本质进行了探讨。语言反映现象并不是如指物定义般的直接反映，而是"语词把现实分离成一些因素以便现实能够以某些因素相结合的方式得到反映，也就是说，使现实能以语句的方式得到反映"①。简单地说，现实是与语句而不是语词相对应的。移用到意象与语词的关系上，意象不是与语词而是与语句相对应的。

五、关于同一性的梳理及语言设置的同一

本书的一个创新之点就是在梳理了同一性相关理论的基础上将其与意象问题关联起来。在关于同一性的诸多理论论述中，本书主要倚重的是海德格尔在反思同一律的基础上对存在与思维也就是一物与自身同一的深刻思考，还有就是陈嘉映关于在本体论上的那个同一，非是此刻和彼刻的同一，而是语言设置上的同一的观点。实体意义上此和彼的同一不是不可以谈，而是谈起来没多大的学术价值，特别是不富于生产性。陈嘉映的这个提法和维特根斯坦关于同一性的论述在理路上多有相通之处。维特根斯坦

---

① 维特根斯坦. 哲学研究［M］. 陈嘉映，译. 上海：上海人民出版社，2005：398.

就认为 A=A 的同一性是无法论证的，它可以被显现但无法被言说。这里的显现实际就是陈嘉映意义上的语言设置，或对它的直接规定。还有一点：这个意义上的同一之所以无法言说，是因为它是能言说的前提或背景。正因为有了它，我们才可以言说这个世界，言说这个世界的存在与意义，但它本身是拒绝言说或无法言说的。用维特根斯坦的话来说就是：同一只能被显现无法被说出。

从以上两个角度理解的同一性进入意象问题的研究，一个是意中之象的问题，另一个是私有意象的问题。关于意象不是意中之象在正文中多有论述，此处不赘言，但意象的实现却与意中之象关系密切。意中之象在什么意义上是同一的？什么意义上不是同一的？它与意象以及意义之间的关系是本书要回答的。

关于私有意象，与意中之象也有某种关联。私有意象的提法借鉴自维特根斯坦《哲学研究》中的私有语言（private language），在论证没有私有意象时也从他的论述中借鉴颇多。对私有意象，最后的观点是这样的：一方面，不存在维特根斯坦意义上的私有意象；另一方面，并不是不可以说私有意象，但在言说时要对其意义进行明确的区分。

六、语言成象的世界及对意象的理解

世界是在语言层面上得到理解的，我们是通过语言来理解这个世界的。简单说语言是对世界的成象，世界在语言中显现。这是陈嘉映对语言和世界关系的一个新提法，语言反映世界也应从这个层面上理解。笔者比较服膺这个新的思考角度，并在行文中作为一个重要理论基点展开相关论述。按这种观点，语言不是与现实对应的，哪怕是在看起来毫无怀疑的实物指称上。语言是用来言说世界的工具或设施，可以从这个在逻辑上比较圆融自洽地重新理解语言以及与语言相关的论题。本书就是以这种语言观作为重要立论之基展开对意象问题的思考，并从意象和语词的关系与同一性两个重要视角来重新构架关于意象的问题意识。

最后再说到从同一性角度对意象的理解。理解，特别是直接理解，是在生活中随时随地发生的事情。之所以还有必要谈到对意象的理解，是由于在历史的沿革中，不同的文化人有对同一个意象的不同论述，这样在同一个意象上就有了话语和意义的增值。如何解读出同一个意象的不同意蕴，需要有相关的知识背景，看到此一意象与其他文本之间的多样联系。

本书还从反面论述了理解不是一个心灵过程，关注点应转移到其周边情况。还提出理解就是看到事物之间的联系，以及理解就是勾连起事物与体验和意义的关联——换种说法就是显现出存在自身的意义就是所谓的理解。

参考文献

［1］阿多尔诺．否定的辩证法［M］．张峰，译．重庆：重庆出版社，1993．

［2］陈嘉映．海德格尔哲学概论［M］．北京：三联书店，1995．

［3］陈嘉映．语言哲学［M］．北京：北京大学出版社，2003．

［4］陈嘉映．从感觉开始［M］．北京：华夏出版社，2005．

［5］陈嘉映．说理［M］．北京：华夏出版社，2011．

［6］陈良运．中国诗学体系论［M］．北京：中国社会科学出版社，1992．

［7］陈晓明．本文的审美结构［M］．石家庄：花山文艺出版社，1993．

［8］陈植锷．诗歌意象论——微观诗史初探［M］．北京：中国社会科学出版社，1990．

[9] 池上嘉彦. 诗学与文化符号学——从语言学透视 [M]. 林璋, 译. 译林出版社, 1998.

[10] 郭绍虞. 中国历代文论选（第二册）[M]. 上海：上海古籍出版社, 2001.

[11] 郭世平, 王晓升. 后期维特根斯坦心理哲学研究 [M]. 北京：中国社会科学出版社, 2004.

[12] 海德格尔. 林中路（修订本）[M]. 孙周兴, 译. 上海：上海译文出版社, 2008.

[13] 韩林合.《逻辑哲学论》研究 [M]. 北京：北京大学出版社, 2007.

[14] 黑格尔. 精神现象学（上卷）[M]. 贺麟, 王玖兴, 译. 北京：商务印书馆, 1979.

[15] 黑格尔. 小逻辑 [M]. 贺麟, 译. 北京：商务印书馆, 1996.

[16] 黑格尔. 哲学科学全书纲要 [M]. 薛华, 译. 上海：上海人民出版社, 2002.

[17] 胡雪冈. 意象范畴的流变 [M]. 南昌：百花洲文艺出版社, 2002.

[18] 黄敏. 维特根斯坦的《逻辑哲学论》——文本疏义 [M]. 上海：华东师范大学出版社, 2010.

[19] 焦卫华. "综观" 与 "面相"：后期维特根斯坦哲学存在论解读 [M]. 北京：人民出版社, 2014.

［20］杰弗里·N. 利奇. 语义学［M］. 李瑞华等, 译. 上海: 上海外语教育出版社, 1987.

［21］康德. 纯粹理性批判［M］. 邓晓芒, 译. 杨祖陶, 校. 北京: 人民出版社, 2004.

［22］李秋零. 康德著作全集（第3卷）: 纯粹理性批判（第2版）［M］. 北京: 中国人民大学出版社, 2004.

［23］李壮鹰, 李春青. 中国古代文论教程（第二版）［M］. 北京: 高等教育出版社, 2013.

［24］刘阳. 文学理论今解［M］. 上海: 华东师范大学出版社, 2016.

［25］鲁枢元, 童庆炳, 等. 文艺心理学大辞典［M］. 武汉: 湖北人民出版社, 2001.

［26］陆涛. 中国古代小说插图及其语—图互文研究［M］. 南京: 南京大学出版社, 2014.

［27］马德邻. 道何以言: 兼论中国古代道家哲学的语言学问题［M］. 上海: 三联书店, 2014.

［28］麦金. 维特根斯坦与《哲学研究》［M］. 李国山, 译. 桂林: 广西师范大学出版社, 2007.

［29］敏泽. 形象·意象·情感［M］. 石家庄: 河北教育出版社, 1987.

［30］皮朝纲. 中国古代文艺美学概要［M］. 成都: 四川省社会科学院出版社, 1986.

［31］皮朝纲．中国美学沉思录［M］．成都：四川民族出版社，1997.

［32］钱锺书．管锥编：补订重排本一（上卷）［M］．北京：三联书店，2001.

［33］史迪芬·平克．语言本能——探索人类语言进化的奥秘［M］．洪兰，译．汕头：汕头大学出版社，2004.

［34］苏德超．哲学、语言与生活：论维特根施坦的语言哲学［M］．长沙：湖南教育出版社，2010.

［35］孙耀煜．中国古代文学原理［M］．南京：江苏教育出版社，1996.

［36］孙周兴．海德格尔选集（上、下）［G］．上海：三联书店，1996.

［37］索绪尔．普通语言学教程［M］．高名凯，译．北京：商务印书馆，1980.

［38］田义勇．审美体验的重建——文论体系的观念奠基［M］．上海：复旦大学出版社，2010.

［39］童庆炳，程正民．文艺心理学教程［M］．北京：高等教育出版社，2001.

［40］童庆炳．文学理论教程［M］．北京：高等教育出版社，2008.

［41］汪裕雄．意象探源［M］．合肥：安徽教育出版社，1996.

［42］汪裕雄．审美意象学［M］．北京：人民出版社，2013.

［43］汪子嵩，等．希腊哲学史（第1卷）［M］．北京：人民出版社，1988.

［44］王弼注，唐颖达疏．周易正义（十三经注疏）［M］．北京：北京大学出版社，2000.

［45］王弼．王弼集校释（上、下册）［M］．楼宇烈，校释．北京：中华书局，1980.

［46］王峰．美学语法：后期维特根斯坦的美学与艺术思想［M］．北京：北京大学出版社，2015.

［47］王路．走进分析哲学［M］．北京：三联书店，1999.

［48］王晓升．走出语言的迷宫：后期维特根斯坦哲学概述［M］．北京：社会科学文献出版社，1999.

［49］王运熙，杨明．隋唐五代文学批评史［M］．上海：上海古籍出版社，1994.

［50］维特根斯坦．逻辑哲学论［A］．涂纪亮．维特根斯坦全集（第1卷）［M］．陈启伟，译．石家庄：河北教育出版社，2003.

［51］维特根斯坦．哲学研究［M］．陈嘉映，译．上海：上海人民出版社，2005.

［52］维特根斯坦．哲学语法［M］．韩林合，译．北京：商务印书馆，2012.

[53] 维特根斯坦. 美学、心理学和宗教信仰的演讲与对话集（1938—1946）[M]. 刘悦笛，译. 北京：中国社会科学出版社，2015.

[54] 文焕然，等. 中国历史时期植物与动物变迁研究 [M]. 重庆：重庆出版社，1995.

[55] 杨明. 汉唐文学辨思录 [M]. 上海：上海古籍出版社，2005.

[56] 叶朗. 中国美学史大纲 [M]. 上海：上海人民出版社，1985.

[57] 叶朗. 现代美学体系 [M]. 北京：北京大学出版社，1988.

[58] 叶朗. 胸中之竹——走向现代之中国美学 [M]. 合肥：安徽教育出版社，1998.

[59] 叶朗. 美学原理 [M]. 北京：北京大学出版社，2009.

[60] 叶维廉. 中国诗学 [M]. 北京：三联书店，1992.

[61] 郁沅. 中国古典美学初编 [M]. 武汉：长江文艺出版社，1989.

[62] 袁行霈. 中国诗歌艺术研究（增订本）[M]. 北京：北京大学出版社，1996.

[63] 张少康. 司空图及其诗论研究 [M]. 北京：学苑出版社，2005.

［64］张学广．维特根斯坦：走出语言囚笼［M］．沈阳：辽海出版社，1999.

［65］赵天一．中国古典意象史论［D］．重庆：西南大学，2012.

［66］赵毅衡．文学符号学［M］．北京：中国文联出版公司，1990.

［67］朱光潜．文艺心理学［M］．合肥：安徽教育出版社，1996.

［68］朱志荣．中国文学艺术论［M］．太原：山西教育出版社，2000.

［69］朱志荣．中国文学导论［M］．北京：文化艺术出版社，2009.

［70］朱志荣．中国审美理论［M］．上海：上海人民出版社，2013.

［71］祖保泉．司空图诗文研究［M］．合肥：安徽教育出版社，1998.

［72］曹正文．从《神思》谈关于艺术想象的特点及运作条件［J］．广西社会科学，1996（6）．

［73］曹正文．意境与意象的辨析［J］．玉林师专学报，1997（1）．

［74］查正贤．论"境"作为中国古代诗学概念的含义——从该词的梵汉翻译问题入手［J］．文艺研究，2015（5）．

［75］陈嘉映.索绪尔的几组基本概念［J］.杭州师范学院学报（社会科学版），2002（2）.

［76］陈嘉映.作品·文本·学术·思想［J］.云南大学学报（哲学社会科学版），2002（1）.

［77］陈嘉映.说隐喻［J］.华东师范大学学报（哲学社会科学版），2002（6）.

［78］陈嘉映.施指与符号［J］.华东师范大学学报（哲学社会科学版），2004（3）.

［79］陈嘉映.维特根斯坦的哲学观［J］.现代哲学，2006（5）.

［80］陈嘉映.约定用法和"词"的定义［J］.外语学刊，2007（5）.

［81］陈嘉映.语言转向之后［J］.江苏社会科学，2009（5）.

［82］陈嘉映.看法与论证［J］.逻辑学研究，2010（2）.

［83］陈嘉映.谈谈维特根斯坦的"哲学语法"［J］.世界哲学，2011（3）.

［84］陈嘉映.谈谈维特根斯坦的"哲学语法"（续）［J］.世界哲学，2011（4）.

［85］陈嘉映.周边情况——一项维特根斯坦与奥斯汀比较研究［J］.现代哲学，2012（2）.

［86］陈嘉映.言意新辨［J］.云南大学学报（社会科学

版), 2013, 12 (6).

[87] 陈一琴. 形象·兴象·意象——古代诗论中几组形象范畴考辨之一 [J]. 福建师大学报, 1981 (1).

[88] 陈治国. 海德格尔论同一性问题——以《同一律》为中心 [J]. 安徽大学学报 (哲学社会科学版), 2013 (1).

[89] 邓晓芒. 黑格尔《精神现象学》中的自我意识溯源 [J]. 哲学研究, 2011 (8).

[90] 刁生虎. 从哲学到艺术——审美之"象"的渊源与流变 [J]. 南阳师范学院学报 (社会科学版), 2006 (10).

[91] 韩经太, 陶文鹏. 也论中国诗学的"意象"与"意境"说——兼与蒋寅先生商榷 [J]. 文学评论, 2003 (2).

[92] 韩经太, 陶文鹏. 中国诗学"意境"阐释的若干问题——与蒋寅先生再讨论 [J]. 北京大学学报 (哲学社会科学版), 2007 (6).

[93] 韩伟. 20 世纪中国美学"意象"理论的发展谱系及理论构建 [J]. 文艺理论研究, 2014 (1).

[94] 韩伟. 美是意象吗——与朱志荣教授商榷 [J]. 学术月刊, 2015 (6).

[95] 胡雪冈. 试论"意象" [A]. 古代文艺理论研究丛刊 (第 7 辑) [M]. 上海: 上海古籍出版社, 1982.

[96] 胡雪冈. "意象"与"比兴"的关系及其多义性 [J]. 温州师范学院学报 (哲学社会科学版), 1989 (2).

[97] 胡雪冈.古代美学概念札记 [J].温州师范学院学报（哲学社会科学版），1989（4）.

[98] 蒋寅.语象·物象·意象·意境 [J].文学评论，2002（3）.

[99] 蒋寅.原始与会通："意境"概念的古与今——兼论王国维对"意境"的曲解 [J].北京大学学报（哲学社会科学版），2007（3）.

[100] 焦卫华.海德格尔和维特根斯坦语言哲学比较 [J].广西大学学报（哲学社会科学版），2009（3）.

[101] 焦卫华.理解的基础：生活形式和家族相似——维特根斯坦论理解的可能性 [J].广西师范大学学报（哲学社会科学版），2010（1）.

[102] 焦卫华.语法、规则和生活形式——后期维特根斯坦遵守规则悖论解读 [J].广西师范大学学报（哲学社会科学版），2011（5）.

[103] 焦卫华.从维特根斯坦对私人语言的反驳看意义的界限 [J].兰州学刊，2011（8）.

[104] 柯小刚.海德格尔的《精神现象学》解读：三个简论 [J].现代哲学，2007（3）.

[105] 黎志敏.论诗歌意象理论构建 [J].重庆大学学报（社会科学版），2007，13（6）.

[106] 李大强.知道者悖论与"知道"的语义分析 [J].

自然辩证法通讯, 2002 (5).

[107] 李大强. 作为反馈机制的真理概念——兼论戴维森的真理理论 [J]. 自然辩证法通讯, 2005 (5).

[108] 李大强. 对象、可能世界与必然性——《逻辑哲学论》的本体论分析 [J]. 吉林大学社会科学学报, 2007 (6).

[109] 李大强. 寻找同一条河流——同一性问题的三个层次 [J]. 社会科学辑刊, 2010 (2).

[110] 李大强. 当我们谈论 X 时 [J]. 理论探讨, 2011 (4).

[111] 李大强. 上帝与勺子——《逻辑哲学论》中的指称关系 [J]. 社会科学战线, 2011 (5).

[112] 李大强. 四种同一性概念与莱布尼兹法则 [J]. 社会科学研究, 2012 (2).

[113] 李大强. 事实与真——"事实"的哲学用法分析[J]. 社会科学研究, 2013 (3).

[114] 李大强. 错位、反讽与哲学病——语言游戏的误解与误用 [J]. 晋阳学刊, 2014 (4).

[115] 李大强, 林康廷. 名字、概念游戏和语言劳动分工——鲸案的哲学讨论 [J]. 中国高校社会科学, 2016 (2).

[116] 李心释. 当代诗歌的意象问题及其符号学阐释途径 [J]. 学习与探索, 2013 (7).

[117] 李心释. 语象与意象: 诗歌的符号学阐释途径 [J].

甘肃社会科学, 2013 (5) .

[118] 李心释. 语象与意象: 诗歌的符号学阐释分野 [J] . 文艺理论研究, 2014 (3) .

[119] 刘畅. 意思、心里的意思、意义 [J] . 世界哲学, 2010 (3) .

[120] 刘畅. 理解的时相 [J] . 世界哲学, 2015 (5) .

[121] 刘畅. 理解心灵 [J] . 云南大学学报 (社会科学版), 2015 (4) .

[122] 刘畅. 心灵与理解 [J] . 云南大学学报 (社会科学版), 2016 (2) .

[123] 刘惠文, 刘浏. 论"意象"即"意中之象" [J] . 鄂州大学学报, 2003 (2) .

[124] 刘景钊. 心象的认知分析 [J] . 晋阳学刊, 1999 (2) .

[125] 刘阳. 透过理论敞开现象: 论钱钟书文学解释的有效性 [J] . 南京医科大学学报 (社会科学版), 2004 (3) .

[126] 陆涛. 从语象到图像——论文学图像化的审美逻辑 [J] . 江西社会科学, 2013 (2) .

[127] 罗钢. 学说的神话——评"中国古代意境说" [J] . 文史哲, 2012 (1) .

[128] 罗钢. "把中国的还给中国"——"隔与不隔"与"赋、比、兴"的一种对位阅读 [J] . 文艺理论研究, 2013

(2).

[129] 罗钢. 暗夜里的猫并非都是灰色的——关于"情景交融"与"主客观统一"的一种对位阅读 [J]. 文艺研究, 2013 (1).

[130] 罗钢. 当"讽喻"遭遇"比兴"——一个西方诗学观念的中国之旅 [J]. 北京师范大学学报(社会科学版), 2013 (3).

[131] 罗钢. "被发明的传统"——《人间词话》是如何成为国学经典的 [J]. 南京大学学报(哲学·人文科学·社会科学版), 2014 (3).

[132] 敏泽. 中国古典意象论 [J]. 文艺研究, 1983 (3).

[133] 敏泽. 钱锺书先生谈意象 [J]. 文学遗产, 2000 (2).

[134] 秦朝晖. 西方意象派与中国古典诗歌 [J]. 晋中学院学报, 2007, 24 (5).

[135] 孙春旻. 表象·语象·意象——论文学形象的呈现机制 [J]. 郑州大学学报(哲学社会科学版), 2002 (3).

[136] 孙春旻. 语象、意象与散文的艺术形象 [J]. 写作, 2002 (5).

[137] 孙春旻. 论"语象" [J]. 广东技术师范学院学报, 2005 (2).

[138] 孙春旻. 文学意象的生成与命名 [J]. 学术论坛,
2007 (5).

[139] 陶文鹏. 意象与意境关系之我见 [J]. 文学评论,
1991 (5).

[140] 田义勇. "意象" 研究钩沉与反思——兼论 "意象"
内涵及其审美特性 [J]. 西北大学学报 (哲学社会科学版),
2015 (5).

[141] 王峰. 从文本到生活世界——文本阐释的几个意义层
次 [J]. 文艺理论研究, 2004 (3).

[142] 王峰. 误解: 确立文本意义的一种方式 [J]. 浙江社
会科学, 2005 (4).

[143] 王峰. 本体适度与形态间隙——文本阐释间距的本体
论含义 [J]. 云南大学学报 (社会科学版), 2007 (6).

[144] 王峰. 私有语言命题与内在心灵——维特根斯坦对内
在论美学的批判 [J]. 文艺研究, 2009 (11).

[145] 王峰. 维特根斯坦反弗洛伊德——心理学美学的问题
所在 [J]. 文艺理论研究, 2010 (5).

[146] 王峰. 文学实践的语言论转型——评张瑜《文学言语
行为论研究》[J]. 文艺研究, 2012 (12).

[147] 王峰. 美学语法: 后期维特根斯坦的美学旨趣 [J].
中国人民大学学报, 2013 (6).

[148] 王峰. 语言论实践美学探析 [J]. 南京社会科学,

2014 (3).

　[149] 王峰. 为了文学的虚构——论塞尔的假装的以言行事观 [J]. 学术论坛, 2014 (1).

　[150] 王峰. 文学伴随论——论"真实"作为文学的伴随因素 [J]. 文艺研究, 2014 (7).

　[151] 王峰. 语言分析美学何为? ——后期维特根斯坦思想对美学的启示 [J]. 上海大学学报 (社会科学版), 2015 (2).

　[152] 王峰. 语言论对实践美学的结构性改造 [J]. 西北大学学报 (哲学社会科学版), 2016 (4).

　[153] 王建军, 王乡月. 康德与数学对象的同一性问题 [J]. 河北学刊, 2016 (2).

　[154] 王尚文. 语词与意象 [J]. 浙江师大学报, 1993 (1).

　[155] 文炳, 陈嘉映. 普通语法、形式语法和哲学语法比较 [J]. 外语学刊, 2010 (1).

　[156] 文炳, 陈嘉映. 维特根斯坦的语法思想与普通语法思想的差异 [J]. 外语学刊, 2011 (2).

　[157] 吴镝, 陈亚军. 对弗雷格《论意义与所指》中"="的分析 [J]. 南京理工大学学报 (社会科学版), 2003 (1).

　[158] 夏之放. 论审美意象 [J]. 文艺研究, 1990 (1).

　[159] 夏之放. 以意象为中心话语建构文艺学理论体系 [J]. 求是学刊, 1995 (6).

［160］肖君和．论中国古典意象论与西方"意象派"的区别［J］．贵州社会科学，1987（10）．

［161］熊文华．语象初探［J］．柳州职业技术学院学报，2005（1）．

［162］徐艳．司空图"象外之象、景外之景"内涵的重新阐释［J］．南开学报（哲学社会科学版），2012（3）．

［163］杨合林，张绍时.20世纪80年代以来意象范畴研究综述［J］．中国文学研究，2014（3）．

［164］杨明．关于意境的两点浅见［J］．南阳师范学院学报，2004，3（2）．

［165］杨明．"兴象"释义［J］．中山大学学报（社会科学版），2009（2）．

［166］袁行霈．论意境［J］．文学评论，1980（4）．

［167］袁行霈．中国古典诗歌的意象［J］．文学遗产，1983（4）．

［168］袁行霈．中国古典诗歌的多义性［J］．北京大学学报（哲学社会科学版），1983（2）．

［169］张中．意象的还原与生成［J］．衡水学院学报，2009，11（6）．

［170］张中．直觉与审美共通感［J］．湖北民族学院学报（哲学社会科学版），2009，27（4）．

［171］赵炎秋．论文学的形象本质［J］．湖南师范大学社会

科学学报，2000（1）．

[172] 赵炎秋. 试论文学形象的分层评价标准［J］．湖南师范大学社会科学学报，2005（1）．

[173] 赵炎秋. 文学语言与文学形象［J］．文学前沿，2005（1）．

[174] 赵炎秋. 生活、语言与形象：再论文学形象的语言构成［J］．湖南科技学院学报，2006（1）．

[175] 赵毅衡. 诗歌语言研究中的几个基本概念［J］．诗探索，1981（4）．

[176] 赵毅衡. 关于中国古典诗歌对美国新诗运动影响的几点刍议［J］．文艺理论研究，1986（4）．

[177] 朱国华. 非同一性与摹仿：阿多诺的美学逻辑［J］．福建论坛（人文社会科学版），2005（8）．

[178] 朱志荣. 论审美意象的创构过程［J］．苏州大学学报，2005（3）．

[179] 朱志荣. 再论审美意象的创构——答韩伟先生［J］．学术月刊，2015（6）．

[180] 朱志荣. 论审美活动中的意象创构［J］．文艺理论研究，2016（2）．

[181] BAKER，G. P.，HACKER，P. M. S. Wittgenstein：Understanding and Meaning Part I Essays［M］．Oxford：Blackwell Publishing，2005.

[182] BAKER, G. P. , HACKER, P. M. S. Wittgenstein: Rules, Grammar and Nessity [M] . New Jersey: Wiley−Blackwell, 2009.

[183] W. K. WIMSATT. Jr. The Verbal Icon: Studies in the Meaning of Poetry [M] . New York: The Noonday Press, 1958.

[184] VYGOTSKY, L. Thought and Language [M] . KOZULIN, A. , trans. Cambridge, MA: The MIT Press, 1986.

[185] WITTGENSTEIN, L. Tractatus Logico − Philosophicus [M] . PEARS, D. F. , MCGUINNESS B. F. , trans. Routledge, 2001.

[186] WITTGENSTEIN, L. Philosophical Investigation [M] . ANSCOMBE, G. E. M. , HACKER P. M. S. , SCHULTE J. , trans. Blackwell Publishing Ltd, 2009.